身近な
人の

介護で「損したくない！」と思ったら読む本

介護のプロが教える
介護保険120％活用マニュアル

河北美紀
株式会社アテンド代表

実務教育出版

はじめに
── あなたにも「その時」がやってくる

　初めまして。私は、デイサービスと訪問介護、介護保険対象外の外出支援や現役シニアの個人秘書業務などを運営する会社「アテンド」代表の河北美紀と申します。

　メガバンクの銀行員時代、私は介護事業に可能性を感じ、8年前に介護事業経営者に転身しました。

　それから3年後、**8年にわたる父親の介護が始まり、家族介護の苦労を身を持って体験しました。**父を看取ったあと、高齢者の暮らしや生きがい作りの支えになれるよう、**介護にまつわるさまざまな活動にかかわるうちに、いま問題となっている現役で働く方の介護離職や虐待などの多くが、「お金」の不安から生まれるということに気づいたのです。**

　そのため本書では、介護サービスの申請から国や市区町村から支給される手当の情報まで、幅広くお伝えしています。

　両親やパートナーをはじめ、身近な人の介護をするうえで、一番の悩みは「お金の悩み」です。国や市区町村の制度を知らないことで、本来受けられるはずのサービスや、受給できるお金をもらえない方がいるという事実から、皆様に必要な介護サービスや情報が届くようにと、そんな想いで筆を走らせました。

　ここで少し、私の経験をお話しさせてください。

　2011年4月6日、ひとり暮らしをしていた65歳の父が、脳梗塞で倒れました。発見されたのは2日後。出勤してこない父を心配した職場の同僚が、近所の方に頼んで父の家へ様子を見に行ってもらいました。

　近所の方が玄関のドアを強く叩き、大声で父の名を呼んでも、家の中

からは絞り出すようなうめき声が聞こえるだけ。ただごとではないと感じて中に入ろうとしても、ドアには鍵がかかっていました。

　大家さんを呼んで鍵を開けてもらい、ようやく救急隊に運ばれるまでに約3時間もかかりました。後からわかったことですが、父が倒れたのは一昨日の19時頃。**発見されたときには、すでに40時間も経過していたことになります。**

　私が近所の方から連絡を受けたのは、父が救急搬送された後でした。「お父さんが倒れて、危ない状態なんだ。このあと救急隊の人から電話が入ると思うけど、とにかく病院に向かって！」と病院の名前を言われたものの、あまりに突然のことに頭の中が真っ白になってしまったことを覚えています。

　それから10分後、救急隊の方から電話がありました。「お父さんは脳梗塞を起こしています。発見から約2日も経過しているので、脱水もひどく非常に危険な状態です。覚悟しておいてください」と言われました。

　私は「父にかぎって、まさか」とパニックになりましたが、幸い、父は生きていてくれました。家族にとって、それ以上望むことはありませんでした。障害が残ろうが、なんであろうが生きていてほしい。感謝と同時に、体の力が一気に抜けていくのを感じました。

　さらに、病院のベッドの上で点滴を受けている父に向かって医師が「手を上げてみてください」と言うと、なんと、右手を高く上げて答えたではありませんか！　これには号泣しました。普通ならきっと命すら助からなかったケースだったからです。そして1か月後、父は救急病院からリハビリ病院へ転院。左半身に麻痺が残ったものの、新しい生活をスタートさせることができました。

　私にとっては、これが「親の介護生活の始まり」でした。

この本を手に取ってくださった方の中には親御さんがまだまだお元気な方、倒れて入院されたばかりの方、すでに介護生活の最中の方、さまざまなシチュエーションがあると思います。いずれにせよ、最初は実の親を介護することに現実味がなかった方がほとんどのことでしょう。

　親が元気でいてくれることは当たり前ではないことに、あらためて気づかされますよね。**親が倒れるまで、健康でいてくれるありがたさにはなかなか気がつかないものです。**

　ところであなたは、いままでお父さん、お母さんに十分親孝行をしてきましたか？　私の答えは「いいえ」です。若いうちは特に、自分のことで精一杯。仕事・家庭・お金・子どものこと・健康のこと。そう、人生で一番忙しい時期と介護は重なるものです。

　でも、だからこそいまが親とつながるチャンスなのかもしれません。**親のさまざまな仕事を「介護」という形で代行すると、これまで親がどんな生活を送ってきたのか、何を望んでいるのかがわかってきます。**いままで、忙しくてなかなか実家に帰ることができなかった人は、ゆっくり話を聞いてあげる時間を作ってあげてください。

　「介護を通じて親孝行の時間をもらった」と思えばいいのです。生活が維持できるようサポートすることは立派な親孝行です。今後について話し合う時間を作りながら、自分のできることをしていきましょう。

　介護福祉の「福祉」という言葉には、「幸せ」という意味が込められています。**介護は「その人がその人らしく生きるためのサポート」です。**介護者として相手のことを知り、相手の人格を尊重しながらサポートした経験は、必ずあなたにとって大きな自信となり、人生をより豊かにしてくれるはずです。

　介護保険制度が始まった2000年は、私が就職した5年後のこと。当時

娘は2歳になったばかり。父は55歳、母は49歳と若かったこともあり、「自分には関係ない」と気にも留めていませんでした。しかし20年以上たったいまでは、誰もがこの「超高齢社会」に無関心ではいられません。

　日本で老人福祉政策が始まったのは1960年。当時の老人福祉・老人医療は、市区町村がサービスの種類・提供機関を決めていました。そのため競争がなく、画一的なサービスになってしまうこと、長期で介護を必要とする方を受け入れる体制がないことから、日本には新しい制度が必要となりました。そうして制定されたのが「介護保険制度」です。

　あれから、私たちは自らの選択で介護サービスを利用できるようになり、いままでの市区町村や公的な団体中心のサービスから、民間企業・NPOなどの多様な事業者からサービスを受けられるようになりました。また、希望すれば最期まで住み慣れた自宅で過ごせるよう、在宅医療や介護サービスも発展しました。

　介護は、日々進化し続けています。私たちは老後、ますます自由度が高い、整備された介護システムによって、自分らしい暮らしを実現することができるでしょう。私は介護事業の経営者として、**「介護する人も介護される人も、安心して暮らせるノウハウの提供と環境作りのお手伝い」**をしてまいります。初めての介護で孤独、そして大きな不安を感じている方にとって、本書が「損をしない」介護制度を知っていただくきっかけとなり、実際の介護のお役に立つよう祈念しております。

2021年5月吉日
株式会社アテンド代表取締役
河北美紀

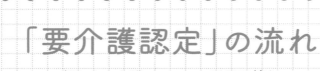

「要介護認定」の流れ

～損しない介護サービスの利用手続き～

介護サービスを利用したい方は、要介護認定の申請が必要です。

申請する基準	
第1号被保険者 65歳以上	「原因を問わず」介護が必要になった時
第2号被保険者 40歳～65歳の方	「特定疾病が原因」で介護が必要になった時

特定疾病とは？

1. がん（末期）	2. 関節リウマチ	3. 筋萎縮性側索硬化症（ALS）
4. 後縦靱帯骨化症	5. 骨折を伴う骨粗鬆症	6. 初老期における認知症
7. 進行性核上性麻痺、大脳皮質基底核変性症およびパーキンソン病	8. 脊髄小脳変性症	9. 脊柱管狭窄症
10. 早老症	11. 多系統委縮症	12. 糖尿病性神経障害、糖尿病性腎症および糖尿病性網膜症
13. 脳血管疾患	14. 閉塞性動脈硬化症	15. 慢性閉塞性肺疾患
16. 両側の膝関節または股関節に著しい変形を伴う変形性関節症		

1 要介護認定の申請

市区町村の役所窓口（地域包括支援センターなどで手続きを代行する場合もあり）へ申請します。

- ・65歳以上（第1号被保険者）　➡　介護保険被保険者証が必要
- ・40歳〜64歳（第2号被保険者）　➡　医療保険証が必要

その他の必要書類については、市区町村などへご確認ください。

2 認定調査・主治医意見書の依頼

市区町村などの介護認定調査員が自宅や病院に訪問し、要介護者の心身の状態を確認します（認定調査）。その後、主治医（かかりつけ医）に主治医意見書を依頼。意見書は、主治医から市区町村に直接送られます。主治医がいない場合は、市区町村が指定する指定医に診察を依頼します。

3 要介護度の審査

コンピューターで認定調査の結果と主治医意見書の一部の項目を集計し、全国一律の判定方法で要介護度の判定が行われます（一次判定）。一次判定の結果と主治医意見書に基づき、保険・福祉・医療の学識経験者で構成される介護認定審査会において要介護度の最終判定が行われます（二次判定）。

4 認定

市区町村は、介護認定審査会の判定結果に基づき、要介護認定を行います。認定は、自立できている順に「非該当」「要支援1〜2」「要介護1〜5」の8段階にわかれています（77ページ参照）。認定結果の通知は、市区町村より原則30日以内に通知されます。

5 介護（介護予防）サービス計画書の作成（サービス内容は79ページ）

要介護1〜5	要支援1〜2	非該当
「介護サービス」が利用可能	「介護予防サービス」＋「介護予防・日常生活支援総合事業（総合事業）」が利用可能	＋ 厚生労働省の「基本チェックリスト」に該当した場合 「介護予防・日常生活支援総合事業（総合事業）」が利用可能

出典：厚生労働省

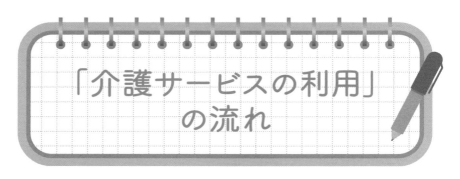

「介護サービスの利用」の流れ

介護サービスを利用できる方

	第1号被保険者	第2号被保険者
対象者	65歳以上の方	40歳以上65歳未満の健保組合、全国健康保険協会、市区町村などの医療保険加入者
受給要件	要介護（要支援）状態	要介護状態が、老化に起因する疾病の場合 ※**特定疾病（6ページ参照）**
保険料	市区町村が徴収 （年金からの天引きが原則） 65歳になった月から徴収開始	医療保険料と一体的に徴収 40歳になった月から徴収開始

1 要介護認定の判定結果を確認（「事業対象者」のみ自身で判定）

要介護1〜5 ➡ 居宅介護支援事業所（17ページ参照）がケアプランを作成。サービス事業者と契約後「介護サービス」などの利用が可能

要支援1〜2 ➡ 地域包括支援センター（16ページ参照）がケアプランを作成。サービス事業者と契約後「介護予防サービス」などの利用が可能

非該当 ➡ 「一般介護予防事業」（市区町村が独自の財源で行う、生活機能低下予防事業）の利用が可能

事業対象者 ➡ 厚生労働省による基本チェックリスト（82ページ参照）を確認。該当すれば、要介護者の住む市区町村が行う「介護予防・日常生活支援総合事業（総合事業）」の利用が可能

2 ケアマネジャーの決定

「居宅介護支援事業所」や「地域包括支援センター」などの担当ケアマネジャーと、ケアプラン作成などに関する契約を行います。

ケアプラン作成に費用はかかりません。
（※令和4年8月現在。ケアプランはご本人や家族が作成することも可能です）

③　介護サービスの依頼

居宅介護支援事業所などのケアマネジャーからの紹介や、自分で探した「サービス事業所（デイサービスなど）」への見学を申し込みます。

利用が決定したサービス事業者が、要介護者の生活課題の分析のためアセスメント（調査）を行うと同時に契約を行います。

④　ケアプラン（介護サービス計画書）の原案作成

ケアマネジャーが、利用が決定した介護サービスに沿ってケアプランの原案を作成します。

⑤　サービス担当者会議の開催

利用者の自宅に、ケアマネジャーや介護サービスを提供する事業者の担当者が集まり、ケアプランに沿って、利用者の回復目標や各サービスの内容などを確認します。利用者や家族は、サービスについての説明を受け、同意のサインをします。

利用者は正式なケアプランの交付を受けます。

⑥　サービスの開始

介護サービスの開始。サービス事業者は、正式なケアプランに沿ってサービスを行います。サービスに変更希望がある場合は、ケアマネジャーへ相談しましょう。

⑦　モニタリング

ケアプランに基づいた介護サービスが提供されているか、ケアマネジャーが定期的に利用者の自宅を訪れて確認（モニタリング）します。

モニタリングによって利用者の心身状態の変化が見られた場合、必要に応じてケアプランの見直しを行います。

その場合は再度アセスメントを行い、ケアプランを修正し再交付します。

⑧　更新

介護保険被保険者証の有効期限（2021年度から最長4年に延長）が終了する前に、更新申請を行います。また、要介護者の心身の状態に著しく変化があった場合は、認定の有効期間内でも設定の見直しを申請できます。

出典：厚生労働省

第1章 突然始まる!
「身近な人の介護」対処法

01 親が倒れたら、まずは市区町村の
「地域包括支援センター」へ相談を …………………… 016

02 決して他人ごとではない!
救急搬送される高齢者は年間360万人 …………………… 021

03 年間100万円の損? 知っているのと
知らないのとで大差がつくお金の知識 …………………… 025

04 家族会議で介護の「キーパーソン」を決めよう ………… 029

05 退院後の親の住まいは親の入院中に考えておくと後々楽 …… 032

06 老人ホームのさまざまな特徴を知っておいて損はない … 036

07 いまだからこそ知っておくべき
ウイルスの基礎知識 …………………………………… 040

コラム 在宅介護と施設介護、どちらも「正解」はない …………… 042

第2章 介護で使える!
「公的なお金の支援」活用法

01 やっぱり気になる介護費用。家族の誰が支払う? ………… 044

02 介護費用が高額になっても制度を活用すれば大丈夫! …… 048

03 かかる医療費を確実に減らせる「高額療養費制度」 ……… 051

04 「特別障害者手当」の受給対象者は
年間約33万円を受け取れる …………………………… 054

05 「負担限度額認定証」の発行で
年間120万円も介護費用が減らせる? ………………… 056

06　介護費用をカバーする民間の保険も要チェック！ ……… 059

07　国の「在宅介護支援」は手当てや現物支給も充実 ……… 062

08　施設に入ってから意外にかかる
　　「ホテルコスト」って？ ……………………………………… 065

09　親が亡くなる前に知っておくべきこと・やっておくべきこと… 069

コラム　月に2回、父と私のハッピーデー ………………………… 072

第3章

介護認定審査会委員だからわかる！「介護サービス申請と介護認定審査」攻略法

01　親が倒れたら市区町村へ介護保険サービスの申請を …… 074

02　「要介護」と「要支援」はどう違う？
　　介護度の7段階………………………………………………… 077

03　親にこんなサインがあったら
　　地域包括支援センターへ早めの相談を ………………… 080

04　初めての人でもわかる「介護保険制度」あれこれ ……… 086

05　知らないと損！
　　「財布」に直結する介護認定審査の流れ ………………… 088

06　介護度を正しく判定してもらうために
　　「かかりつけ医」を持とう ………………………………… 092

07　介護度のミスマッチが起きても再審査を申請できる …… 095

08　介護サービスを使わないと
　　要介護度を下げられてしまう？ ………………………… 097

09　2021年度の「介護保険制度改正」で
　　私たちの生活はどう変わる？ …………………………… 099

10 介護認定審査会委員だからわかる！
認定審査時のポイントとNG項目 ……………………………… 103

コラム 元気な高齢者は「良い習慣」を持っている …………………… 108

第4章 介護離職は防げる！
「介護保険サービス」活用法

01 介護離職した人の6割が職場復帰できない深刻な理由…… 110

02 介護者による虐待は1万7000件！
介護疲れに陥ったら？ ……………………………………… 113

03 親が遠方に住んでいても「文明の利器」で安心できる！ …… 117

04 高齢者の自立度を高める住宅改修・リフォームの賢いやり方 … 119

05 高齢者の生活を支える
「福祉用具」の貸し出しと販売 ……………………………… 121

06 医療依存度が高くても自宅で暮らせる！
「訪問医療・訪問看護」……………………………………… 124

07 家事支援と身体介護を行ってくれる「訪問介護サービス」… 127

08 「通いのサービス」は介護度に関係なく使える便利な制度 … 131

09 訪問・通い・泊まりを組み合わせられる
「小規模多機能型居宅介護」 ……………………………… 134

10 「定期巡回・随時対応型訪問介護看護」サービスは
安心の24時間対応！ ……………………………………… 137

11 介護離職を防ぐには「老人ホーム」がもっとも確実な選択肢 … 140

12 各家庭のニーズに合った施設選び ①介護編 ……………… 144

13 各家庭のニーズに合った施設選び ②医療編 ……………… 147

コラム 介護離職後に後悔する3つのこと…………………………… 149

第5章 家族を不幸にしない！
「自宅介護疲れ」防止法

01 「介護休業制度」で「時間とお金」を死守する！ ················· 152

02 「泊まりのサービス」を上手に利用して
介護疲れを減らそう ················· 156

03 「呼び寄せ介護と近居介護」後悔しない選択のために
知っておくべきこと ················· 160

04 人生100年時代、5人にひとりが認知症になる現実 ········· 163

05 認知症対策の基本的な心がまえとして知っておくべきこと ··· 165

06 認知症介護の負担を減らす
「見守りサービスとIT」の活用法 ················· 169

07 親がお金を管理できなくなってきたら絶対にやるべきこと ··· 171

08 「介護ボランティア」の力を借りて介護の悩みを軽くしよう ··· 175

09 家族会議で兄弟姉妹の介護負担を決めておこう ··········· 177

10 親が元気なうちに実家の片づけをしておくと
のちのち後悔しない ················· 179

11 自由度の高い「介護保険外サービス」の活用法 ············· 181

12 災害時の介護のためにいまから準備しておくべきこと ··· 184

コラム 介護には、家族それぞれの形がある ··························· 186

第6章 介護施設経営者だからわかる！
「介護施設」の選び方

01 老人ホームの「介護サービスの質」に注目しよう ··········· 188

02 損をしないための「デイサービス選び」の基準とは ········ 191

03	コロナ禍で介護施設が行う「感染予防対策」を知ろう	⋯⋯ 194
04	受け入れを拒否されても「地域の小規模施設」がある！	⋯⋯⋯⋯ 197
05	損をしないための「老人ホーム」の正しい選び方	⋯⋯⋯ 200
コラム	コロナ禍、高齢の親を持つご家族の葛藤	⋯⋯⋯⋯⋯⋯ 204

巻末付録⋯⋯⋯⋯⋯⋯⋯⋯⋯⋯⋯⋯⋯⋯⋯⋯⋯⋯⋯⋯⋯⋯⋯⋯⋯⋯⋯⋯ 206

特別対談

加藤綾菜さん ✕ 河北美紀 ⋯⋯⋯ 211

タレント／TWIN PLANET所属 　　　　著者／株式会社アテンド代表

〜身近な人の介護を最小限の苦労で乗り切るために知っておくべきこと〜

※本書の文中では「身近な人」のもっともわかりやすい例として親の例をあげていますが、パートナーや親族の介護においても本質的な心がまえやノウハウは同じです。

第1章

突然始まる!
「身近な人の介護」
対処法

01 親が倒れたら、まずは市区町村の「地域包括支援センター」へ相談を

介護のプロに相談できる「地域包括支援センター」

親御さんの入院生活が終わる頃には、「このまま自宅に帰って大丈夫だろうか？」「ひとりで介護をする自信がない」など、さまざまな不安を抱えていることと思います。

市区町村には、高齢者やご家族が介護への不安やサービス申請について相談できる窓口があります。それが**地域包括支援センター**です。

住所ごとに管轄がわかれていますので、インターネットで調べるか、市区町村の役所に尋ねてみてください。主任ケアマネジャー、保健師、社会福祉士などの専門家が、介護の相談に乗ってくれます。

相談方法は、電話・来所・職員による訪問があります。介護保険のことだけでなく、いろいろな**地域資源（人的資源）**と連携した支援も行っていますので、住み慣れた地域で安心して生活を続けられるよう、ぜひサポートを受けてみてください。

そのほか、高齢者が介護状態にならないようにするための**介護予防事業**など、たくさんの介護に関する情報が手に入るため、一度は窓口へ行かれることをおすすめします。

要介護認定の申請も可能

さらに地域包括支援センターでは、介護サービスを開始するための**要介護認定の申請**も受けつけています。被保険者（本人）が直接窓口に行くことができない場合、ご家族が遠方にお住まいで申請に行けない場合

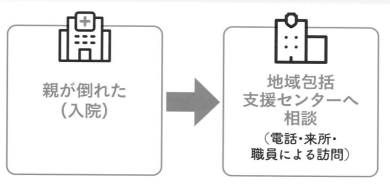

親が倒れたときの相談は

親が倒れた（入院） → 地域包括支援センターへ相談（電話・来所・職員による訪問）

などは、地域包括支援センターや**居宅介護支援事業所**などが要介護認定の申請代行をしてくれます（介護保険施設に入所している場合は、施設のケアマネジャーや相談員が申請代行をしてくれます）。

　また、高齢者の権利擁護として虐待や金銭のトラブルから守る支援も行っています。最近ますます手口が巧妙になっている**振り込め詐欺**によるトラブルは、高齢の親を持つ子どもの立場としては心配です。

　多くの地域包括支援センターは、市区町村の介護保険課と連携し、高齢者に対して**振り込め詐欺被害等防止機器**の貸し出しもしています。貸し出し対象となる年齢や貸し出し数にかぎりがあるものの、ありがたいサービスです。取りつけ方法がわからなければ自宅まで来てくれますので、親が遠方にお住まいの場合はぜひお願いしてみてください。

　ちなみに、**「地域包括支援センター」と「居宅介護支援事業所」は定義が異なります。**地域包括支援センターは、市区町村にお住まいの高齢者やそのご家族などから広く相談を受けつけています。居宅介護支援事業所は、要介護認定を受けている高齢者のケアプランの作成や介護サービス事業所の紹介を行っています。

　地域包括支援センターのおもな役割は、「介護予防」や「権利擁護」

などです。要支援者が介護予防サービスなどを適切に利用できるよう、介護予防サービス計画（ケアプラン）を作成し、サービス事業者との連絡調整などを行っています。

　一方、居宅介護支援事業所は、要介護認定を受けている高齢者が、可能なかぎり**「自宅で自立した生活を送れるよう」**希望に応じた居宅サービス計画（ケアプラン）の作成や介護サービス事業所の紹介を行っています。そのため、地域包括支援センターや居宅介護支援事業所は、ケアマネジャーが利用者の心身状態や生活課題を分析したうえでサービスの内容を検討します。また、利用者や家族・サービス事業者と話し合い、短期目標と長期目標の設定などを行っています。さらに、地域包括支援センターに駐在する主任ケアマネジャーは、居宅介護支援事業所の新任のケアマネジャーの指導や育成、さらには地域の介護問題や課題に取り組み、高齢者にとって住みやすい環境が整うよう活動しています。

地域包括支援センターの4つの業務

1 介護予防ケアマネジメント

要介護にならないように
介護予防支援を行う

2 総合相談

必要なサービスや
制度を紹介

3 権利擁護

成年後見制度活用のサポートや
虐待防止への取り組み

4 包括的・継続的ケアマネジメント

地域ケア会議の開催や
ケアマネ支援など

地域包括支援センターで相談できること

　地域包括支援センターでは以下のようなことを相談できます。

❶「介護相談」や「要介護認定」の申請

　地域包括支援センターのことを、よく**「介護のよろず相談所」**と呼びます。高齢者の日常生活の困りごとや金銭面のトラブル、虐待など幅広い相談ができます。そのほか、要介護認定の申請代行も行います。

❷ 介護予防について
　（介護認定審査で「要支援1」「要支援2」と認定された場合）

　介護予防・日常生活支援総合事業や介護予防サービスなどを利用することができます。また、介護予防ケアプラン（介護予防と自立支援を目的とした計画書）の作成も行います。

❸ 被保険者の健康に関する相談

　介護予防などを目的とした健康づくり教室、口腔ケアセミナー、地域包括支援センター主催のカフェの開催、情報提供などを行います。

❹ 被保険者の権利を守ること

　お金の管理ができず、振り込め詐欺の被害にあってしまうなどの相談、成年後見制度（171〜174ページ参照）の利用に関する支援もしています。

❺ ご家族の相談

　遠方に住むひとり暮らしの親が心配な方には、ネットワークを生かした見守り方法を提案してくれます。また、地域の住民に対し、高齢

者に対する正しい知識を持ってもらうことを目的に「認知症サポーター（認知症の正しい知識を持ち、適切な手助けができる人）養成講座」を開催しているところもあります。

❻ 介護によるストレス

　同じことを繰り返し言う親に腹が立ってしまう、イライラする、疲れた、などの相談受付、介護者家族の集いなどの案内もしてくれます。

　また、下図のように、介護サービスを利用するようになった後もさまざまな相談をすることができます（相談は無料で秘密厳守）。相談内容は多岐にわたります。

　介護は、家族が抱え込むものではありません。制度をしっかり使ってプロのサポートをたくさん受けながら、長期戦に臨みましょう。

高齢者の犯罪被害防止に向けた連携

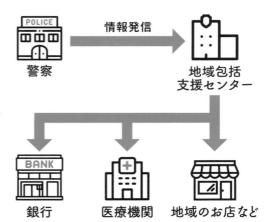

【相談内容は多岐にわたります】
・ひとり暮らしの親が心配
・親が認知症かもしれない
・自宅で介護を続けたい
・介護保険について知りたい
・福祉用具の使い方を知りたい
・高齢者が虐待を
　受けているのを見た
・物忘れがひどく困っている
・だまされて高額な
　買い物をしてしまった
※相談は無料で秘密厳守

情報発信

警察

地域包括
支援センター

銀行　　　医療機関　地域のお店など

02 決して他人ごとではない！救急搬送される高齢者は年間360万人

救急搬送者の60%が高齢者

　総務省の「令和2年版 救急・救助の現況」によると、年間の救急搬送者数は約600万人。**そのうち60%が高齢者で、その数は約359万人**とされており、毎年最多更新が続いています。「親が倒れて突然介護が始まった」という方が多いのも、この数を見れば納得できます。

65歳以上の半数以上が搬送先で入院する

　また、その重症度にも特徴があります。**急病での救急搬送者のうち軽症ですむ人の割合が、64歳以下（新生児を除く）の場合約60%以上であるのに対し、65歳以上の場合は37.8%まで減ってしまいます。**

　65歳以上の場合は逆に、中等症になる割合は50%を超え、重症になるケースは9.7%もあり、合わせると実に**60%近い高齢者が入院の必要がある状態**になります。

　本書を読んでくださっている皆さんの親御さんには、65歳以上の方も多くいらっしゃると思います。いまは元気だとしても、救急搬送から「突然の介護生活」が始まるケースは非常に多く、決して他人ごとではありません。

急病の傷病程度別の年齢区分別の搬送人員

程度区分	新生児	乳幼児	少年	成人	高齢者	合計
死亡	60 (3.0)	269 (0.1)	73 (0.1)	7,303 (0.6)	54,522 (2.2)	62,227 (1.6)
重症 （長期入院）	118 (5.8)	1,978 (1.1)	985 (1.0)	54,941 (4.6)	236,174 (9.7)	294,196 (7.5)
中等症 （入院診療）	1,078 (53.1)	44,232 (23.6)	23,410 (24.0)	391,287 (32.7)	1,225,116 (50.3)	1,685,123 (43.0)
軽症 （外来診療）	769 (37.9)	140,939 (75.2)	73,118 (74.9)	743,783 (62.1)	921,099 (37.8)	1,879,708 (47.9)
その他	6 (0.3)	24 (0.0)	29 (0.0)	350 (0.0)	611 (0.0)	1,020 (0.0)
合計	2,031 (100)	187,442 (100)	97,615 (100)	1,197,664 (100)	2,437,552 (100)	3,922,274 (100)

※ ・（ ）内は構成比（単位：%）を表す
　・端数処理（四捨五入）のため、割合・構成比の合計は100%にならない場合がある

出典：総務省消防庁「令和2年版 救急救助の現況」

高齢者の重症化リスク

　高齢者はもともと基礎疾患（持病）を持っていることも多く、何らかの病気を発症すると重症化しやすいため、救急搬送から入院になるケースが珍しくありません。では、どのような病気で高齢者は救急搬送されるのでしょうか。おもな例をあげると、脳血管障害、急性心筋梗塞、心不全、消化管出血、肺炎などです。基礎疾患を持つ高齢者がこうした症状に陥った際は、非常に危険な状態だといえます。

　また、高齢になると次のようなリスクがあります。

・若い頃に比べ、血管系の疾患を突然発症するリスクが格段に上がる
・疾患を複数持ち、複数の薬を処方される

・骨や筋肉が弱り、接触や転倒など少しの衝撃で大けがにつながる

・感染症への抵抗力が弱い

・高温や低温などの環境変化への適応能力が著しく低下する

　など、挙げればきりがありません。これらがきっかけとなって病気やけがを引き起こした場合は後遺症が残りやすく、治療後に介護やリハビリの必要性が高まる傾向にあります。症状には個人差もありますが、高齢者にはこのようなリスクがあると知っておくと良いでしょう。

家族やご近所が早期発見できるかが予後を左右する

　高齢者の救急搬送時において大切なのは、症状を正確に把握することと、なるべく早く応急処置を行うことです。たとえば、高齢者に多い脳梗塞の治療においては、発症から4時間以内に処置ができれば、後遺症が残らない状態での回復が可能とされています。一方、救急の処置が遅くなればなるほど、状況は悪化の一途をたどっていきます。

　つまり、高齢者にとって緊急時の早期発見や早期処置ができる環境が重要なのですが、核家族化が進んだいまの日本ではそれがなかなか難しくなっています。

　「高齢社会白書」によれば、65歳以上の高齢者がいる世帯は近年では全世帯の半数近くに達しています。その中でも注目すべきは、高齢者のひとり暮らし世帯が30％近くになっており、高齢者夫婦のみ世帯と合わせると、実に**60％近くが高齢者しか家にいない状態**だということです。この結果、救急搬送依頼が遅くなるケースも見受けられます。親と離れて暮らす方にとっては、気に留めておかねばならない現実です。

　しかし、遠方に親が住んでいる場合は**「遠くの親戚より近くの他人」**です。親の近所づき合いや交友関係などを知っておくことや、折にふれてご近所へ挨拶をしておくことも大切です。親が暮らす地域の役所の福祉課、あるいは地域包括支援センターなどとも関係をつくっておくこ

とをおすすめします。常日頃から親を見守ってもらえる環境を構築しておくことで、いざというときに「早急な119番」へとつながっていくことが期待できます。いまからでも、地域との良好な関係づくりを心がけましょう。

65歳以上の者のいる世帯数及び構成割合（世帯構造別）と全世帯に占める65歳以上の者がいる世帯の割合

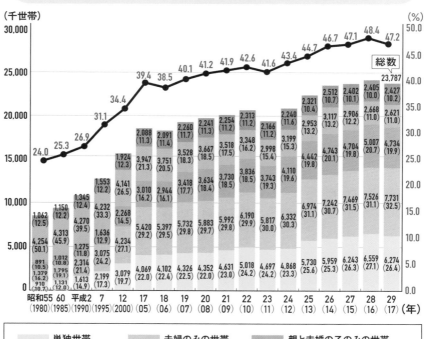

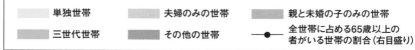

資料：昭和60年以前の数値は厚生省「厚生行政基礎調査」、昭和61年以降の数値は厚生労働省「国民生活基礎調査」による
※1　平成7年の数値は兵庫県を除いたもの、平成23年の数値は岩手県、宮城県及び福島県を除いたもの、平成24年の数値は福島県を除いたもの、平成28年の数値は熊本県を除いたもの
※2　（　）内の数字は、65歳以上の者のいる世帯総数に占める割合（%）
※3　四捨五入のため合計は必ずしも一致しない

出典：内閣府「令和元年版高齢社会白書」

03 年間100万円の損？知っているのと知らないのとで大差がつくお金の知識

制度を最大限に利用して経済的負担を楽に

　親の介護という、いままでの日常になかった生活パターンが加わると、最初は気が張って、時間もどうにかやりくりできるものです。しかし、長期戦になるにつれ少しずつ「疲れ」が出始めます。しかもその疲れを自分でなかなか自覚しにくいのが、家族介護の怖いところでもあります。

　介護を続けるためには、また自分の心と体を少しでも楽にするためには、どうしたら良いのでしょうか？　家族間の連携や介護のプロによるサポートに加え、もうひとつ大切なのが「経済的基盤」です。ここでは、お金の話をしたいと思います。

　たとえばおむつ代ひとつとっても、ご家族にとってはいままでになかった痛い出費です。しかし、**国や市区町村の制度を利用すれば、年間100万円も介護費用を抑えられることがあります。**

　生活するためにお金が欠かせないように、介護に関してもお金の有無で選択肢が変わります。利用できる制度をしっかり調べて、経済的負担を少しでも楽にしましょう。

市区町村の介護保険課窓口で情報をもらおう

　16ページで、まずは地域包括支援センターへ相談することをおすすめしました。要介護認定の申請をして、介護サービスの開始や、介護内容を充実させるための地域情報を集めてもらうためです。

　一方、介護サービスとは別に、経済的な支援（手当）の制度を申請す

る場合は、地域包括支援センターではなく市区町村の役所内にある「介護保険課窓口」へ行く必要があります。

　要介護認定と違い、手当の申請の多くは基本的に地域包括支援センターに代行してもらうことができません。**国や市区町村には、具体的に次のような手当や支援制度があります**（各市区町村によって支援の内容は異なります）。

<国や市区町村の手当て・支援制度>
- 特別障害者手当
- 電車やバスなどの割引き（東京都はシルバーパス）
- 紙おむつの支給
- 介護手当（総称。実施していない市区町村もある）
- 介護保険負担限度額認定（介護保険施設の居住費・食費の軽減）
- 理美容割引券
- 詐欺等被害防止機器の貸し出し
- 自動消火装置や電磁調理器具の給付
- 認知症ホットライン（物忘れ、不安や困りごとなど）
- 徘徊高齢者探索システム（GPS端末機）
- 補聴器購入の助成
- 福祉タクシー乗車券
- 車いすの貸し出し
- 配食サービス
- 24時間緊急通報システム、月1回の安否確認
- 民生委員や地域包括支援センターによる目配り訪問
- 寝具乾燥消毒、福祉理美容サービス（券の交付）
- ボランティア訪問によるコミュニケーション（月1回）など
※上記は一部、地域包括支援センターでも申請可

「介護手当」などいろいろな制度がある

　支援の内容や金額は、要介護者がどの市区町村に住んでいるかによって異なります。この機会にお住まいの市区町村のウェブサイトを調べてみましょう。

　中でも特にチェックしておきたいのが、**介護手当（総称）**です。市区町村によっては、介護をする家族への直接的な経済支援としてお金の支援をしているところがあります（すべてではありません）。

　62ページで詳しくお伝えしますが、「介護手当（要件あり）」は金額が少ない市区町村でも毎月3,000円程度、多い市区町村では毎月4万円もの金額を支給しています。

　特別障害者手当（54ページ参照）は、認定されれば毎月2万7,350円（令和2年4月から）の支給が受けられます。「高齢者が障害者手当をもらえるの？」と不思議に思われる方もいらっしゃると思いますが、**障害者基本法が定義する障害者とは、「身体障害、知的障害、精神障害（発達障害を含む）その他の心身の機能の障害がある者であって、障害及び社会的障壁により継続的に日常生活又は社会生活に相当な制限を受ける状態にある者」**とされています。実は、**高齢者と障害者を分けていないの**です。

　また、介護保険負担限度額認定（56ページ参照）が下りると、介護保険施設の居住費・食費が軽減されます。毎月5〜10万円も施設利用料が安くなるのですから、利用しない手はありません。

民間のサービスも充実

　そのほか、**民間のサービス**もあります。たとえば航空運賃が割引になったり（各社で対象者と割引率が異なる）、信用金庫で要介護者とその家族に金利が上乗せされるというものもあります。

　また、割引を行うレジャー施設もあります。**東京都の上野動物園や六**

義園、旧岩崎邸庭園、江戸東京博物館では、60歳以上（年齢が証明できるものを窓口で提示）は敬老の日やその前後の期間入場料無料、介助が必要な場合は同伴者も無料になります。東京都の葛西臨海水族園や和歌山県のアドベンチャーワールドでは、要介護者（介護保険被保険者証を提示）や障害者などと同伴者は入場料が割引になります。

　ひとつひとつは小さな金額でも、面倒がらず該当するものはすべて利用し、確実に介護費用を削減しましょう。

「親のお金を守る」意識を持つ

　手当の申請は自己責任です。親に代わって、市区町村の各種サービスを見逃さないようにチェックしましょう。

　介護生活は、時間に追われることもあれば、頑張らなくてはならない瞬間も必ずあります。そんな家族介護者にとって必要なのは、**金銭的な心配がないこと、自分の時間がしっかり確保されること**だと思います。そこが崩れると精神的に苦しくなり、介護にも当然影響します。113ページでくわしくお伝えしますが、金銭的・体力的な無理を続けた結果、ご家族による虐待が始まってしまうケースも少なくありません。お互いに良い関係が続くよう、できるかぎり経済的な基盤を強化しておきましょう。

04 家族会議で介護の「キーパーソン」を決めよう

介護のキーパーソン（メインの介護者）を決める

　親が入院しているうちに家族で早急に話し合っていただきたいのが、**「介護におけるキーパーソンを誰にするか」**です。介護の分野でいうキーパーソンとは、介護の専門職と連携をとったり、介護サービスや医療処置に関する判断を行う役割を担う人のことです。

　具体的には、日常的に利用する訪問介護（ヘルパー）やデイサービスの契約時にケアマネジャーと同席し、サービス利用時の説明を受けます。要介護の親に代わって契約書や計画書（ケアプラン）に署名したり、個人情報利用同意のサインをしたりもします。また、急な通院や予定変更があれば、介護事業者に変更や欠席の連絡を入れます。さらに災害時など緊急事態の際は、介護事業者から連絡を受け、必要な判断も行います。

　介護を始めるにあたり、まずこの3つを決めましょう。

❶ キーパーソン（誰が）
❷ 自宅か介護施設入所か（どこで）
❸ 介護施設への通いか、訪問サービスか（どうやって介護をするか）

　もしご両親が夫婦で暮らしているのであれば、キーパーソンはお父様かお母様になるでしょう。ただし年齢を考えると、ほかのご家族がサブの立場で、必要な判断や対応をサポートすることも欠かせません。キーパーソンを決める際は、以下を基準に検討しましょう。

❶ 日中や夜間でも連絡がつく

❷ 要介護者（本人）の意思を尊重した判断ができる

❸ 緊急時には要介護者のもとへ駆けつけられる

❹ 金銭管理を任せられる

❺ 要介護者と家族の意見を取りまとめることができる など

キーパーソンに合わせた介護スタイルを

　上記の条件を考慮して決めたとしても、介護はやってみて初めて大変さを実感するものです。予想していた以上の負担だった、ということもよくあります。そんなときは、ご兄弟の出番です。適任のキーパーソンを決めたら、他のご弟妹がキーパーソンを支えていく体制を整えましょう。ひとりっ子の方の場合は、親の弟妹にあたる叔父さん、叔母さんに協力を依頼しておきましょう。いざというときはご夫婦で駆けつけてくれるケースもあります。

　平日に行われる介護サービス利用契約時も、どうしても立ち会えないときはその旨をケアマネジャーに伝え、契約内容をあとで教えてもらうよう依頼しましょう。ただし、**ケアマネジャーは契約書の代筆はできません。**郵送などで契約書を完成させられるよう対応してもらいましょう。

キーパーソンありきのケアプランを

　もっとも大切なのは、**「キーパーソンがいまの生活を維持できるケアプランを立てる」**ことです。自戒を込めてお伝えすると、キーパーソンは最初から飛ばしすぎないことが大切です。ひとりで、介護サービス利用契約時の同席、事業所との連絡・連携、通院の介助、公的介護保険ではヘルパーができない分野（レクリエーションとしての買い物や外出など）に付き合うのは大変です。しかも**介護は、介護対象が男性だと平均9.79年、女性だと平均12.93年**というデータもあり、長期戦なのです。

平均介護期間の推測

	平均寿命	健康寿命	平均介護期間
男性	80.98歳 −	71.19歳 =	9.79年
女性	87.14歳 −	74.21歳 =	12.93年

※健康寿命とは、「健康上の問題がない状態で日常生活を送れる期間」のこと
出典：厚生労働省「平成28年簡易生命表の概況」

介護は長期戦！ 最初から多くの人にかかわってもらおう

　介護も最初が肝心で、兄弟たちに「なんとかやっているから大丈夫」と言って彼らの出番を作らずにいると、そのうち声もかからなくなってしまいます。こちらからこまめに現状を伝えないと、「介護サービスで足りているみたいだ」「何も困っていないみたいだ」「何を手伝えばいいかわからない」と思われてしまうのです。

　繰り返しますが、介護は長期戦です。ひとりで抱え込んでしまわず、家族をはじめ多くの人に支えてもらいましょう。また、ケアマネジャーや地域包括支援センターなど、介護事業所のプロたちも積極的に頼りましょう。

　一方で、キーパーソンがしっかり定まっていないのも困ります。実際に、要介護者の長女と次女から別々に介護事業所へ電話がかかってきて、デイサービスに関して異なる要求をしてくるケースがあります。緊急時にも同じことがあると介護事業所としては困るため、あまりにバラバラの指示を出す場合はトラブル防止で介護サービスをお断りすることもあります。介護事業所と良好な関係を築くためにも、**キーパーソンはひとりに絞り、連絡はできるだけキーパーソンから行う**ことを心がけましょう。

05 退院後の親の住まいは 親の入院中に 考えておくと後々楽

麻痺や後遺症が残っても家に帰れるか

　治療のおかげで命は助かったものの、体の麻痺や後遺症が残ったまま退院することになった場合、どうしたら良いでしょうか。

　親がいままで住んでいた家でひとり暮らしを続けられるのか、真剣に考えなくてはなりません。高齢者施設への入所を検討した方が良いケースもあれば、仮に比較的軽い後遺症ですんだとしても、介護保険の対象となる住宅改修や福祉用具の準備が必要です。また、自宅に介護できる家族がいるかどうかも重要なポイントです。

退院日が決まっているため結論は先送りできない

　親の入院中に今後の住まいについても、なるべく早急に家族で話し合っておきたいものです。キーパーソンを決めたうえで、兄弟が交代で親の介護を通いでするのか、子どもの家に引っ越してもらうのか、リハビリ入院を数か月してから自宅復帰を目指すのかなども相談しましょう。

　特に、親の賃貸マンションを引き払うことになったら、大量の荷物整理や家具の廃棄処理などで時間がかかり大変です。しかし、今後の介護生活を考えると、家賃やその他諸経費を最低限に抑えておきたいのは当然です。**結論が決まったら、1日も早く準備を始めましょう。**

「退院後の住まい」7つのパターン

　退院後の住まいについては、大まかに分けて次の**7つのパターン**があ

ります。だいたいのイメージができたら、ご本人とキーパーソン、ご家族でよく話し合ってみてください。

❶ 自宅（通い）

後遺症が軽ければ、福祉用具の利用や住宅改修により自立した生活が可能です。後遺症や麻痺が重い場合であっても、日中も自宅に家族がいたり、介護サービスを利用できたり、家族による通いの介護ができるなら、在宅介護が可能です。

❷ バリアフリーの部屋などに引っ越し（通い）

親と同居したくても部屋にゆとりがなかったり、お互いの生活スタイルの変化を避けたい場合は、新しい住まいを探しましょう。キーパーソンが通える範囲の距離に引っ越しをするのも良い選択です。

親がひとり暮らしをする場合は、携帯電話を持ってもらう、定期的に時間を決めて連絡する、ひとりになる時間に介護サービスを入れるなど、リスクを減らしましょう。**広い部屋は必要なく、むしろ少し狭くてつかまるところが多い部屋の方が、高齢者には使いやすい**です。

❸ 子どもと同居（呼び寄せ介護）

家庭がある場合は、親を呼び寄せる前に夫婦でしっかり話し合いましょう。メリットは**新たな家賃がかからない**ことです。親が年金受給者であれば、教育費など資金援助をしてくれる可能性もあります。一方、現役世代と高齢者では生活のペースが違うため、お互い気がねなく暮らせるよう、**最初に「生活のルール」を決めておく**ことをおすすめします。

❹ 特別養護老人ホーム（比較的安価な施設で、終(つい)の棲家と言われる）

ほぼ寝たきりで、常時見守りが必要な場合は、自宅へ帰ることなくそのまま施設に入所する場合もあります。また、それほど介護の手間がか

からなくても、高齢のご夫婦だけで住んでいる場合は「老々介護」になることから、施設を選ぶケースも少なくありません。費用面は、有料老人ホームなどよりも一般的には負担が少なくてすみます。その分**入所希望者が多いので、順番待ちになる可能性**があります。

❺ 介護老人保健施設（医療法人が運営する施設）

入院期間後、在宅復帰を目指すためのリハビリ体制が充実した施設です。もう入院の必要はないものの、このまま自宅に戻ることが難しい高齢者に対し、専門職が医療ケアや手厚いリハビリを行ってくれます。

おもに**食事やトイレ、入浴などの生活動作の回復と心身機能の維持向上**を目指します。ただし**入所期間は3～6か月で、入所条件は「要介護1以上」**ですので、もし**検討している場合は、入院中に介護申請（要介護認定申請）をしておく**必要があります。

❻ 介護医療院

制度上、新しく設置されたばかりの施設ですが、これからニーズが高まり増えていく介護施設です。**要介護者が退院後、おもに長期療養が必要な場合の生活施設**です。療養上の管理、看護、医学的管理のもとでの介護、機能訓練などの医療のほか、日常生活の世話をすることを行う施設です。介護医療院には、基本方針として地域交流も含まれているため、病院とは異なり、**地域交流やボランティアの受け入れなどを通じ、高齢者が地域とのつながりを持てる環境づくりも期待**されています。

❼ その他の施設（有料老人ホーム、グループホームなど）

施設の中でも、有料老人ホームは特別養護老人ホームと同様に看取りが可能な施設が多いことから**「終の棲家」**とも言われます。入所条件は施設によってさまざまですが、**基本的に個室が用意され、24時間介護スタッフが常駐**します。**日中は看護師も常駐**し、健康管理や褥瘡（じょくそう）の処置

や生活に必要な身の回りのケアもしてくれ、介護度が高い方でも安心して過ごすことができます。

　費用は**特別養護老人ホームに比べて割高の場合もありますが、その分サービスが優れている**といえます。立地条件が良い、食事のメニューや内容が充実している、建物が豪華などです。特に近年では差別化を図っている施設が多く、**入所金は0円から数億円**と幅広いです。それぞれに特色があるので、入所を決めるときは**必ず本人と見学に行き、納得してから手続きする**ことをおすすめします。

どの立場からも妥協できる選択を

　このように、退院後の選択肢はさまざまありますが、**大切なのは「子」と「親」あるいは「夫婦」、どの立場からも良い意味で妥協できる選択を家族みんなで考えること**です。その話し合いが早ければ早いほど、退院後の選択肢は増えていきます。

　筆者だけでなく多くの方が体験していますが、介護は本当に突然やってきます。よくある例ですが、親が突然脳梗塞で倒れ救急搬送され、一命を取りとめホッとしたのもつかの間、体に麻痺が残り、不自由な生活を余儀なくされることに。ショックを受ける間もなく、入院期間が3か月を越えると、今度は病院側の事情で退院を迫られます。

　そこで初めて家族会議を開かれ、「これからの介護をどうするか」が話し合われます。そして本人やご家族の本音を十分確認できず、慌てて情報収集してしまい、ご家族にとってベストではない選択をしてしまい「こんなはずじゃなかった……」という話がよくあるのです。そうならないように、**親が望む最期の生き方を早く知る**こと、一方で**「自分たちにとって無理のない介護」**がどのような形なのか、いまのうちから考えておきましょう。

06 老人ホームの さまざまな特徴を 知っておいて損はない

「何のために施設を使うのか」をはっきりさせる

　在宅介護ができない場合は、介護施設への入所を検討することになると思いますが、介護施設と一口にいってもさまざまな種類があります。

　まず、どのような目的で親を施設に預けるのかを考えましょう。医療的なケアを重視するのか、医療より生活の充実に重きをおくのか、在宅復帰に向けたリハビリを頑張ってほしいのか、終の棲家として暮らすのかなど、「何のために」という目的を明確にすることが大切です。

老人ホームには「介護つき」と「住宅型」がある

　老人ホームには、おもに**介護つきと住宅型**があります。介護つきの老人ホームは、日常生活支援のための入浴・排泄・食事などの介護サービスを提供します。またその他家事支援だけでなく、施設によっては機能訓練、レクリエーション、医療連携も行っています。

　住宅型有料老人ホームでは、日常生活で自立できている高齢者にも食事や家事支援などのサービスを行います。また、介護が必要になった場合は入所者自身の選択により、地域の訪問介護などの介護サービスを使いながら生活を継続することが可能です。

　介護が必要になったというケースだけでなく、高齢でのひとり暮らしや子どもが遠距離にいるという不安から入所を決める方も少なくありません。ご近所づき合いをしていた知人や兄弟が亡くなったことで、入所者との交流を求めて老人ホームを選択するケースなどもあります。それ

ぞれの施設費用や特色については、38〜39ページの表をご覧ください。

高齢になると家庭内事故も増加

　消費者庁には、65歳以上の高齢者が自宅で転倒したという事故報告が多く寄せられます。事故の内容として「すべる、つまずく、ベッドなどから移動する際の転倒」があげられます。場所は浴室や脱衣所、階段や玄関、庭などです。住み慣れた自宅であっても、加齢で視力が落ち足が上がらず、小さな段差につまずいてしまうことが原因のひとつです。

　さらに、体力に自信がなくなり自宅のメンテナンスや庭の手入れが大変になってきたと感じる方や、車の運転ができなくなることで交通の便が悪くなり買い物が不便になることを考えると、**親が元気なうちに将来は「自宅か」「住み替え」かを、ご家族で話し合っておく**と良いでしょう。女性なら、家事から解放されたいという希望もあるかもしれません。

　また、自宅の老朽化によって利便性の高い住宅に住み替えるという目的の住み替えもあります。親の大切な決断の際には、やはり子どものサポートが必要です。いざというときのために、早くから情報を集めておくことをおすすめします。

目的と費用を確認

　次ページの一覧表は、親にどんな介護を受けさせたいかという目的別になっています。実際の施設にはもっと多くの種類がありますが、ここではおもなものをピックアップしました。

　費用面では、施設の種類によって大きな違いがあります。また、**同じ種類の施設でも入所金や月額費用にも幅があるので、施設のパンフレットやウェブサイトを見比べて検討しましょう。**ご自身で調べる時間がなかったり相談相手がいなければ、**老人ホームの紹介事業者**などを頼ってみるのもひとつの手です。この一覧表は、目安としてご覧ください。

おもな老人ホームの比較表

	施設の種類	ホームの特色	入所時の費用（目安）
介護保険施設（補足給付「56ページ参照」の対象）	※1 特別養護老人ホーム（特養）	介護保険で入所可能な施設であり、待機者が多数のところも多い。常時介護が必要で、自宅での生活が困難な人に、介護や機能訓練、療養上の世話を行う。看取りがある終の棲家	なし
	介護老人保健施設（老健）	入院治療を終えて退院後、病状の安定した人に、リハビリなどを中心とした医療・介護サービスを提供する。在宅復帰を目指す施設であり、入所期間は原則3〜6か月	なし
	介護療養型医療施設（療養病床）	長期にわたる療養や介護を行う医療施設であり、病院との併設型が多い（※2024年3月までに他施設に転換、廃止予定）	なし
	介護医療院	医療機能と生活機能を兼ねた施設であり、介護療養型医療施設の転換先とされる。医療依存度の高い長期療養者が対象	なし
居住系サービス（高齢者向け住まい）	グループホーム	認知症の高齢者が入所する、1グループ9人の少人数で家庭的な雰囲気の民間施設	※2 0〜数十万円
	介護つき有料老人ホーム	特別養護老人ホームと同じく、常時介護サービスが受けられる施設。費用は高めのところが多いものの、介護サービス費用は定額のため、月々の支払計画は立てやすい	※2 0〜数千万円
	サービスつき高齢者住宅（サ高住）	高齢者専用の賃貸住宅に位置づけられ、入所する初期費用は低く抑えられるところが少なくない。しかし介護サービスは別の契約になるため、サービスを使いすぎると支払額が大きくなる	※2 0〜数千万円
	住宅型有料老人ホーム	レクリエーションなどに力を入れているホームが多く、ほかにも食事や家事支援などのサービスも提供される。サービス付き高齢者住宅と同じく、介護サービスは別契約となる	※2 0〜数億円
	ケアハウス（一般型）	身体機能の低下により、ひとり暮らしに不安がある方、家族の援助が困難な方向けの施設。料金は比較的低額。介護サービスは別契約となる	0〜数十万円

※1 ［　　　　　］は、おもに医療法人や社会福祉法人などが運営する施設
※2 入所一時金を多く支払うほど、月額費用が安くなる

月額費用（目安）	収入差による費用負担軽減措置の有無	待機なしの入所可能性	受け入れ要介護度	医療対応	看取り対応	認知症対応
8〜15万円	有	×	要介護3以上	医師は非常勤 看護師は常勤	○	○
7〜17万円	有	施設による	要介護1以上	医師・看護師ともに常勤	○	○
7〜17万円	有	施設による		医師・看護師ともに常勤	○	○
7〜17万円	有	施設による		医師・看護師ともに常勤	○	○
10〜14万円	施設による	施設による（他の施設と異なり、住民票上の自治体のみ入所可）	要支援1以上	医師は往診 看護師を配置するかは施設による	施設による	○
15〜40万円	無	○		医師は往診 看護師は常勤	○	○
12〜25万円＋介護サービス費	無	○		医師は往診 訪問看護利用	○	○
10〜50万円＋介護サービス費	無	○	自立から受け入れ可能	医師は往診 訪問看護利用	施設による	施設による
9〜20万円＋介護サービス費	有	施設による		医師は往診 看護師は常勤	○	○

07 いまだからこそ 知っておくべき ウイルスの基礎知識

新型コロナウイルスにはアルコールが有効

　新型コロナウイルス対策のため、マスクの着用と手指のアルコール消毒が日常的な習慣になりました。また、帰宅後の手洗い・うがいが徹底されたことで、新型コロナウイルス感染予防だけでなく、既存のインフルエンザ対策にも効果を発揮しています。

　ウイルスは、人の体の細胞に侵入することで増殖し、悪さをします。ウイルスには**エンベロープ**という脂肪などからできる膜があり、この膜の力により細胞に侵入するため、このエンベロープという膜を壊すことができればウイルスは死滅します。

　アルコールには、このエンベロープを壊す力があります。SARS（重症急性呼吸症候群）、MERS（中東呼吸器症候群）、そして新型コロナウイルスは**エンベロープウイルス**のため、アルコール消毒は効果があります。ちなみに、**アルコールの消費期限は3年程度**としているメーカーが多いようです。

アルコールが効かないウイルスも

　一方、膜を持たないウイルスは**ノンエンベロープウイルス**と呼ばれ、アルコールでは死にません。膜のないウイルスはアルコールに耐性があるためです。手足口病のウイルス、冬に流行るノロウイルスなどが、おもなノンエンベロープウイルスです。

　これらを死滅させるには、アルコール消毒ではなく、**塩素系消毒剤**

が有効です。代表的なものでいえば、**次亜塩素酸水**です。

　次亜塩素酸水は時間の経過にともない濃度が低下することから、アルコールに比べ消費期限が短く、**ドラッグストアで購入できる市販のものでは3か月程度が目安**となっています。ただし、商品の中には製造年月日・成分・使用可能期間中の濃度低減を明記していないものがあります。

　中には薬機法に基づく承認を得ていないにもかかわらず、手指・人体への効果をうたっているものもあります。手指の消毒や人体に噴射して使用すると、目や皮膚・気管支への刺激となり影響が生じる可能性があるため、原則テーブルやドアノブの拭き取りに使用することをおすすめします。

　なお、漂白剤やカビ取り剤としての用途である**「次亜塩素酸ナトリウム」とは違う**ので注意しましょう。こちらは強力な殺菌作用はあるものの、皮膚に触れるとやけどの危険があります。

エンベロープウイルスの例	ノンエンベロープウイルスの例
新型コロナウイルス	ノロウイルス
インフルエンザウイルス	ロタウイルス
ヘルペスウイルス	手足口病
麻疹・風疹ウイルス	プール熱
B型・C型肝炎ウイルス	A型・E型肝炎ウイルス
エイズウイルス	ポリオウイルス（小児麻痺）

コラム

在宅介護と施設介護、どちらも「正解」はない

まさに突然始まった、父の介護。介護生活はトータルで8年。そのうち在宅が4年、施設が4年2か月でした。

介護が始まった当初、父にさびしい思いはさせたくないと思い、私の自宅から自転車で数分のところにアパートを借り、父を呼び寄せて介護を始めました。多い日は日に3回、父のところへ通いました。私は、介護を頑張ろう！ と意気込んでいました。しかしこの「頑張る」という言葉は介護において非常に「くせ者」なのだと、のちに身をもって知ることになりました。

私は、小さな頃から責任感が強く甘え下手。「親の面倒は長女の私が見るもの」と思ってきました。その性格は、介護においてマイナスであったように思います。何かに困っていても基本的に「自己責任」だと考え、助けをなかなか求められないのです。このように、介護を抱え込んでしまう一番の原因は、「私がやるべき」という思い込みだと思います。

しかし、とうとう在宅介護から施設介護に切り替えるときがきました。そのときの父は、要介護4。歩行もままならず、移動には常に車いすを使っていました。その頃、夜にベッドから転落することがたびたびあったこと、体調の悪化をきっかけに、父の体調と安全のため在宅介護から施設介護に切り替えることを決めました。私の「頑張り」も限界でした。

父が施設に入所したと聞き、駆けつけてくれた叔母がいました。叔母は、初めて見る特別養護老人ホームがよほど珍しいのか、玄関を入ってからずっと施設の中を見渡し「立派なところだねえ」と言いました。そして、個室で父に面会を果たしたおばさんは、父にこう言いました。「良かったねえ。こんな立派な施設に入れてもらえる人、いないよ」

私は、父を施設に入れたことで父の兄弟たちに叱られるのではと、罪悪感を持っていました。そんなとき、叔母から思いがけない言葉をもらったのでした。できることなら、在宅で看取ってあげたかった。でも一方、「24時間、プロの介護を受けた方が良い」という確信もありました。間違いなく言えることは、在宅でも施設であっても、娘たちにこんなに想われた父は幸せだった、ということです。

第2章

介護で使える！
「公的なお金の支援」
活用法

01 やっぱり気になる 介護費用。 家族の誰が支払う?

介護原因と介護期間

親が倒れたとき、誰がメインで介護するか、介護にどのくらいの期間がかかるのか、そしてどのくらいのお金がかかるかが、皆さんの一番の心配ごとではないでしょうか。

ここに、何らかの疾患を発病してから在宅介護になった場合の、施設介護を経て最期を迎えるまでの「全介護期間」のデータがあります。これによれば、**全体の介護期間は平均54.5か月(約4年7か月)で、脳血管障害は平均69.14か月、認知症は平均48.91か月です。**

疾患が原因の平均介護期間

		平均介護期間
全体の介護期間		54.5か月 (約4年7か月)
介護原因	脳血管障害の場合	69.14か月 (約5年9か月)
	認知症の場合	48.91か月 (約4年)

出典:(公財)生命保険文化センター「生命保険に関する全国実態調査」(平成30年度)

そのうち在宅介護の期間は、介護を始めて3か月までは84.3%と高く、最初の3か月を過ぎてからは70.9%、介護終了までの約3か月間は52.9%という結果となっています。

在宅介護期間の割合

在宅介護の期間	全体から見た在宅介護の割合
介護を始めてから3か月まで	84.3%
3か月を過ぎてから	70.9%
介護終了までの約3か月	52.9%

出典：三菱総合研究所「仕事と家庭の両立に関する実態把握のための調査」（平成26年度）

月々の介護費用は平均約7.8万円

　平成30年度のアンケート調査によると、**実際にかかる介護費用の月額平均は7.8万円**でした。また、介護生活を始める際にかかる一時的な介護費用（リフォームを含む住宅改修や介護ベッドの購入など）は平均69万円という結果が出ています。月額の具体的な介護費用の項目は、下記の通りとなっています。

　＜おもな介護費用の例＞
・介護サービス利用料
・施設入所の場合は居住費、食費
・おむつなどの衛生用品
・医療費
・健康保険、介護保険料
・その他住民税など

出典：（公財）生命保険文化センター「生命保険に関する全国実態調査」
（平成30年度）

介護費用は誰がまかなうのか？

　調査の結果（複数回答可）によれば、介護費用の多くは要介護者自身またはその配偶者が支払っています。筆者も例にもれず、父親の介護費用は父自身の公的年金と預金からまかなっていました。

　次いで多いのが、**子どもの就労収入またはその配偶者から**という回答です。また、10位以内に「要介護者が加入している民間の介護保険」という回答が上がったことから、介護費用に備える意識の高まりが見てとれます。

介護費用を出す人

第1位	要介護者（またはその配偶者）の公的年金	83.5%
第2位	子ども（またはその配偶者）の就労収入	36.3%
第3位	要介護者（またはその配偶者）の預貯金など	25.4%
第4位	親族の資金	10.9%

出典：第一生命保険会社「親の介護に関するアンケート調査」

要介護者の「介護の義務」があるのは誰？

　民法877条では、「直系血族及び兄弟姉妹は、互いに扶養をする義務がある」と規定されています。皆さんも、おそらく「親の介護は、子どもがするのは当たり前」と思っているのではないでしょうか。たしかに、法的に見ても子どもには親の介護をする義務があるといえます。

　しかし、実は介護は強制的なものではありません。民法877条では「生活を支え合う義務」とされており、「身体的な」介護の定めはありません。つまり、経済的なサポートを行うことで義務を果たすことができるといえます。

しかし、義務であるにもかかわらず経済的なサポートも怠った場合、**介護放棄**とみなされ、刑事罰の対象になる場合があります。具体的には、**「生存に必要な保護をしなかったために、親（要介護者）が死亡、あるいは傷害を負わせる」**などです。

兄弟姉妹全員に扶養義務がある

　兄弟がいるにもかかわらず、キーパーソンだけが身体的介護の他に金銭的援助（通いの交通費を含む）まで行っているケースを見かけます。覚えておいていただきたいのは、**兄弟姉妹全員に、扶養（親が生きるために必要な経済的なサポートをする）義務がある**ことです。

　しかしながら、自分の生活に余裕がない、働くことができないなど、自身や家族との生活に余裕がない場合はこのかぎりではありません。それぞれが抱える事情を考えて、金銭的援助の負担割合を話し合いましょう。もしトラブルになる可能性があるなら、弁護士などの第三者を入れることも大切です。

介護費用の確保は早めに

　できることなら、親が倒れてからではなく、親が元気なうちにキーパーソンを誰にするかを話し合い、そして早くから介護にかかるお金の準備をしておくことをおすすめします。

02 介護費用が高額になっても制度を活用すれば大丈夫!

高額介護サービス費支給制度

　介護保険では、所得に応じて自己負担額の上限が決められています。たとえば、両親が自身で介護サービスを利用して自己負担金を支払った際、「父親の自己負担額だけでは上限額に達しないものの、母親の自己負担額を合計すると、世帯における合計額を超える」ということもあります。その場合、それぞれにあん分された金額が支給されることになります。**制度を利用する際は、市区町村から送られてくる支給申請書の提出が必要**になります。詳しくは、お住まいの市区町村へ確認してみましょう。

　　＜支給対象とならないもの＞
・福祉用具購入費や住宅改修費の自己負担分
・施設サービスの食費、居住費や日常生活費など

2021年度の法改正で介護保険の自己負担限度額が上昇

　2021年8月、「介護保険」の自己負担限度額が上がりました。医療費の自己負担限度額に合わせた改定となり、**「現役並み所得」（現役レベルの収入がある層）の限度額がより細分化**されます。今後も自己負担額の上昇が見込まれるため、医療費・介護費の減額制度をしっかり活用しましょう。市区町村から送られてくる支給申請書の提出や、制度の利用に関する確認を、面倒がらずに行いましょう。

高額介護サービス費の見直し

介護保険の自己負担限度額（月額）

収入要件	世帯の限度額
現役並み所得相当 （年収約383万円以上） （※平成29年見直し前の基準）	4万4,400円 第二号被保険者を含む同一世帯の者のサービス自己負担額の合計
市町村民税課税世帯	4万4,400円（世帯）
世帯全員が市町村民税非課税	2万4,600円（世帯）
年金80万円以下など	1万5,000円（個人）
生活保護受給者など	1万5,000円（個人）

見直しのイメージ

介護保険の自己負担限度額（月額・2021年8月から）

収入要件	世帯の限度額
年収約1,160万円以上	14万100円
年収約770万～約1,160万円未満	9万3,000円
年収約380万～約770万円未満	4万4,400円
世帯の全員が市町村民税非課税	2万4,600円（世帯）
前年の公的年金等収入金額 ＋その他の合計所得金額の合計が80万円以下など	1万5,000円（個人）
生活保護受給者など	1万5,000円（個人）

※2021年8月から

現役並み所得層の負担が最大10万円程度増えることに！

高額医療・高額介護合算療養費制度

　同一世帯で、1年間に支払った「医療費」と「介護保険サービス費」の自己負担額の合計が基準額を超えた場合は、所得に応じて自己負担額が減額されます。

・対象期間：毎年8月1日〜翌年7月31日までにかかった自己負担額
・対象者：国民健康保険・後期高齢者医療・被用者保険の加入者

　市区町村によっては、案内を送ってくれるところもあります。ただし**該当する期間中に医療保険が変わった人については、案内が届かない可能性**もありますので、医療保険者や市区町村の担当窓口に確認することをおすすめします。

70歳以上の医療保険・介護保険自己負担額を合算した負担限度額

適用区分		世帯負担限度額(年額)
現役並み	年収約1,160万円以上／課税所得690万円以上	212万円
	年収約770万円以上／課税所得380万円以上	141万円
	年収約370万円以上／課税所得145万円以上	67万円
一般	年収約156万円以上／課税所得145万円以上	56万円
低所得者II	住民税非課税世帯	31万円
低所得者I	住民税非課税世帯	19万円

出典：厚生労働省「高額療養費制度の見直しについて（概要）」

03 かかる医療費を確実に減らせる「高額療養費制度」

高額療養費制度とは

　医療費の負担を軽くする制度のひとつに、**高額療養費制度**があります。同月内（1日から末日まで）に病院やクリニック、薬局の窓口で払う医療費には上限額が設定されており、それを超えた分が戻ってきます。

　高額療養費の支給申請は、ご自身が加入している**公的医療保険に支給申請書を提出**することで受けられます。医療費が高額になっても**年収約1,160万円以上**の方を除いては、窓口で支払う段階で**限度額適用認定証**の提示により自己負担限度額の範囲内ですみます。限度額適用認定証の発行については、加入している健康保険組合などにお問い合わせください。

高額療養費制度対象3回以上でさらに負担を減らせる

　長期の治療や療養が必要な場合は、大きな経済的負担がかかります。それを避けるために、**多数回該当**というしくみが定められています。過去1年以内に3回以上高額療養費制度対象になると、自己負担限度額が4回目以降はさらに下がるという制度です（次ページの図を参照）。

　また、**同一世帯で、後期高齢者医療制度など同じ公的医療保険に加入していれば、医療費の合算が可能**となります。夫婦なら、医療費の自己負担額について合算できます。ただし、入院中にかかった食費や差額ベッド代など保険診療に当たらないものについては対象になりません。

70歳以上の高額療養費制度の自己負担上限額

適用区分		負担割合	通院（個人ごと）	通院と入院の合算ひと月の上限額（世帯ごと）
現役並み	年収約1,160万円以上課税所得690万円以上	3割	25万2,600円＋（医療費－84万2,000円）×1%〈多数回該当：14万100円〉	
	年収約770万円以上課税所得380万円以上	3割	16万7,400円＋（医療費－55万8,000円）×1%〈多数回該当：9万3,000円〉	
	年収約370万円以上課税所得145万円以上	3割	8万100円＋（医療費－26万7,000円）×1%〈多数回該当：4万4,400円〉	
一般	年収約156万円以上課税所得145万円未満	1割	1万8,000円（年間上限14万4,000円）	5万7,600円〈多数回該当：4万4,400円〉
低所得者	Ⅱ住民税非課税世帯	1割	8,000円	2万4,600円
	Ⅰ住民税非課税世帯（年金収入80万円以下）	1割		1万5,000円

※「一般」とは、市町村民税課税世帯をさす
※「低所得者」とは、世帯員すべてについて市長村民税が非課税または免除されていることをさす
出典：厚生労働省「高額療養費制度の見直しについて（概要）」

「一般世帯の75歳以上の夫婦が通院、夫は入院した」場合

適用区分		負担割合	通院自己負担上限額（個人ごと）	通院と入院の合算ひと月の上限額（世帯ごと）
一般	年収約156万円以上課税所得145万円未満	1割	1万8,000円（年間上限14万4,000円）	5万7,600円〈多数回該当：4万4,400円〉

出典：厚生労働省「高額療養費制度の見直しについて（概要）」

高額療養費制度の自己負担上限額の計算方法を、「一般世帯の75歳以上の夫婦が通院し、その後夫だけが入院した」ケースで考えてみます。

<ある月の夫婦の医療費における自己負担額>

自己負担額 75,000円	夫	通院	20,000円
		入院	30,000円
	妻	通院	25,000円

<個人それぞれの外来自己負担額からの払い戻し額>

通院	夫	自己負担額	20,000円
		－ 自己負担限度額	18,000円
		＝ 払い戻し額	❶ 2,000円
	妻	自己負担額	25,000円
		－ 自己負担限度額	18,000円
		＝ 払い戻し額	❷ 7,000円

<世帯単位の払い戻し額>

通院	夫	自己負担限度額	18,000円
	妻	＋ 自己負担限度額	18,000円
入院	夫	＋ 自己負担額	30,000円
		＝ 世帯全員の自己負担額	66,000円

［世帯全員］自己負担額	66,000円
－ 通院と入院の合算ひと月の上限額（世帯ごと）	57,600円
＝ 世帯単位の払い戻し額	❸ 8,400円

❶（夫）＋ ❷（妻）＋ ❸（世帯）＝17,400円（夫と妻の払い戻し合計額）

04 「特別障害者手当」の 受給対象者は 年間約33万円を受け取れる

特別障害者手当の申請は自己責任

　障害者手帳を持っていなくても高齢者が受給できる手当があります。それが**特別障害者手当**です。市区町村ではなく国の手当なので、どこの地域に住んでいても要件を満たせば受けることができます。

　受給条件は在宅であること、そして医師の診断書で「介護度が著しく重度である」と診断されていることなどです。施設に入所している場合でも、住宅型有料老人ホームなど「住宅」扱いとなる施設なら受給可能な場合もあるので、市区町村や施設へご確認ください。

受給もれで年間約33万円を損する人が多い

　多くの方は「高齢者」と「特別障害者手当」が結びつかないかもしれません。そのことを裏づけるように、ファイナンシャルプランナーによれば、高齢者の数に比例せず受給もれが多い手当のひとつだそうです。

　令和4年4月からは、特別障害者手当の額が2万7,300円に変更されました。**受給できれば年間で32万7,600円**にもなり、介護費用の大きな軽減につながります。この手当は障害者手帳がなくても、認知症が重度であったり、要介護4〜5などの方なら申請が可能で、現在は年間12万人程度（2020年4月時点）が受給しています。しかし**日本における65歳以上の第一号被保険者のうち、実際の要介護4は82.3万人、要介護5は56.9万人**となっており、特別障害者手当が広く知られていない制度だということがわかります。

特別障害者手当の受給要件

特別障害者手当 とは	身体または精神に著しい重度の障害を有する方に対して支給される手当（高齢者も対象）
申請窓口	お住まいの市区町村
受給要件	20歳以上で、おおむね、身体障害者手帳1、2級程度及び愛の手帳1、2度程度の障害が重複している方、もしくはそれと同等の疾病・精神障害を有する方
所得制限	あり（東京都福祉保健局のウェブサイト参照）
手当月額	2万7,300円（令和4年4月から）

※施設に入所している場合、病院や療養所などに3か月以上継続して入院しているなどの場合を除く

申請は市区町村の窓口へ

申請は住所地の市区町村の窓口で行います。要件に当てはまると思われる場合は、積極的に市区町村へ問い合わせてみましょう。在宅介護の経済的負担が軽減できれば、長期の介護生活にも備えられます。

申請に必要なもの

❶ **所定の診断書** ※診断書記入医師の指定はしていませんが、障害または病状に係る専門医が望ましいとされています

❷ **特別障害者手当認定請求書**

❸ **個人番号（マイナンバー）がわかるものおよび本人確認資料**

❹ **銀行口座の確認ができるもの・印鑑（朱肉を使うもの）**

❺ **その他必要と認められる書類** ※市区町村へお問い合わせください

05 「負担限度額認定証」の発行で年間120万円も介護費用が減らせる？

親のお金を守れるのは子どもの「情報量」だけ

　ある女性が、87歳の母を老人ホーム（認知症対応型共同生活介護：グループホーム）に入所させ、月々約22万円もの支払いをしていたというケースがあります。女性の母には年金受給資格がなく、施設費用の支払いは女性とそのご主人がすべてを負担していました。まだ学生の子どもを持つ女性にとっては金銭的に大変厳しく、**「もう少し費用が安くなる制度や施設はないの？」**と常々思っていたそうですが、果たしてそんな制度はあるのでしょうか。

施設費用が安くなる？「介護保険負担限度額認定」とは

　要介護者が**住民税非課税世帯（生活保護を受けているまたは年間の所得額が80万円以下〜120万円超まで段階あり）**の場合は、**介護保険負担限度額認定**という制度が適用されます。申請・受理されると、介護保険施設サービスを受ける際に認定証を提示することで「居住費・食費」が軽減され、この結果、施設費用が5〜10万円も安くなります（介護保険施設でのみ利用可能）。

　以下の❶〜❸をすべて満たしている方が対象となります。

❶ 世帯全員が住民税非課税

❷ 別世帯に配偶者がいる場合、その配偶者が住民税非課税

❸ 預貯金等が単身で500万円〜1,000万円以下、夫婦で1,500万円〜2,000万円以下。詳しくは101〜102ページをご覧ください。

※生活保護受給者は上記要件にかかわらず、負担限度額の認定を受けられます

「介護保険施設」とは

　介護保健施設には、現在、以下の4つの施設があります。

　　・**特別養護老人ホーム**（特養。要介護高齢者のための生活施設）
　　・**介護老人保健施設**（老健。要介護高齢者にリハビリなどを提供し在宅
復帰を目指す施設）
　　・**介護療養型医療施設**（療養病床。医療の必要な要介護高齢者のため
の長期療養施設。2024年3月末までに廃止→介護医療院へ移行）
　　・**介護医療院**（医療機能と生活機能を兼ねた施設）

　おもな経営母体は地方公共団体、社会福祉法人、医療法人などです。
この中で入所待ちになることが多い「特養」は常時介護が必要で在宅生
活の困難な高齢者が入所し、養護されることを目的としています。

介護保険施設で適用される制度

　介護保険負担限度額認定は、特別養護老人ホームなどの介護保険施設
で適用される制度であり、先ほどの事例にもあった老人ホームでは適用
されません。もし特別養護老人ホーム（介護保険施設）などに申し込む
要件を満たしていれば、介護保険負担限度額認定を利用して費用を安く
抑える選択肢もあります。ですから、**単に「近所ですぐ入所できる施設
ならどこでもいい」という理由で選ぶのはもったいない**のです。

費用軽減の対象は「居住費と食費」

　一例として、認知症対応型共同生活介護（グループホーム）ではなく、
「介護保険負担限度額認定」を利用して特別養護老人ホームに入所した
場合、3年間でどのくらい費用が変わるのでしょうか。**費用軽減の対象
となるのは「居住費・食費」**です。次のページで、施設の正規の金額と
費用軽減後の金額を比べてみましょう。

<介護保険負担限度額認定が適用された場合（例）>
・居住費　1日2,000円　→　320円（1,680円のプラス）
・食費　　1日1,400円　→　300円（1,100円のプラス）

　ひと月に換算すると8万3,400円も得することになり、36か月（3年）では300万2,400円もの費用が軽減されます。介護施設は、利用する制度も含めてトータルで選びたいものです。

制度は「自分で調べて自分で申請」、完全に自己責任

　一番の相談相手ともいえる施設相談員やケアマネジャーは、**介護サービスのプラン**を立てることが業務です。制度利用は、基本的に**「自分で調べて自分で申請」**が原則。完全に自己責任です。経済的に苦しいときは、お住まいの市区町村の介護保険課などに相談しましょう。また、できるかぎり**事前に親の経済的状況を把握**しておいてください。

　また、介護保険負担限度額認定にかぎらず、市区町村ではさまざまな介護費用の補助を行っています。親御さんがお住まいの市区町村のウェブサイトなどで、**介護支援サービスや介護手当のもらいもれ**がないよう必ず確認しましょう。介護費用で損をしないためには、子が親に代わって情報を集めることが大切です。

06 介護費用をカバーする民間の保険も要チェック！

介護に備えることができる保険

　少子高齢化に伴い増加し続ける社会保障費は、将来さらなる深刻化が予想されます。そこで、私たちが自ら備えることができる介護の保険についても考えてみましょう。現在保険会社が販売している介護に備える保険は、**損害保険**と**生命保険**に大別されます。

介護に備える保険の一例

	保険の種類	補償（保障）内容
損害保険の分野	個人賠償責任保険	第三者への損害賠償（認知症で線路へ侵入し事故を起こす、電車を止めるなど）
	傷害保険	けがの補償 後遺症の補償
生命保険の分野	介護保険	要介護度に応じて一時金や年金などが支払われる
	終身保険・収入保障保険・医療保険など	介護を保障する特約をつけることができる

※必ずしも「介護保険」という商品名で販売されているとはかぎらない

保険に加入するならタイミングを逃さない

　介護に備える保険を考える場合、いまから親を保険に加入させるのは難しいかもしれません。しかし、ご自身の介護リスクの備えには間に合います。公的年金、預貯金、保険などで総合的にカバーしましょう。

ここで、介護に備える保険の保険料のイメージをご覧ください。

介護に備える保険イメージ

| 保障内容 | ・所定の要介護状態：介護一時金100万円
・介護年金（年額）：100万円 |

所定の要介護状態と認定され介護状態が6年継続した場合の総受取額は700万円
（一時金100万円＋介護年金100万円×6年＝700万円）

加入年齢	月払保険料	80歳までの 累計保険料	90歳までの 累計保険料
40歳	3,600円	172万8,000円	216万円
50歳	4,300円	154万8,000円	206万4,000円
60歳	9,300円	223万2,000円	334万8,000円
70歳	1万6,900円	202万8,000円	405万6,000円

介護に備える保険を選ぶ際のポイント

❶ 保険期間によって保険料は異なる

保険期間が長いほど、保険料は高くなります。保険期間を短く、保険料を安くするのもひとつですが、必要な時に保障がなくなるリスクに注意しましょう。

❷ 介護状態にならずに亡くなるケースもある

介護保険に入ったものの、介護状態にならずに亡くなることがあります。相続対策も考えている方は、死亡保障も一緒に検討しましょう。

❸ 保険料の支払い総額と預貯金の比較を！

受け取る保険金より、払い込む保険料の累計の方がはるかに高いこと

があります。保険で備える必要があるか、預貯金でまかなうことができるかも含めてよく検討しましょう。

貯蓄性のある保険や「外貨」で準備する保険商品も

　介護を不安に感じる原因のひとつは、必要な介護費用や介護期間が明確にはわからないことではないでしょうか。近年、**「長生きリスク」**に備えた、貯蓄性を兼ね備えた保険商品が注目されています。

　また円建てだけでなく外貨建てで、数多くの保障をカバーできる保険商品も存在します。低金利下の環境の中で、保障効率を求めて外貨建の商品を選択されるケースも増えてきているようです。ただし、外貨建て商品は為替相場の変動により影響を受けるため、保険金と解約返戻金が増減することを理解した上で加入しましょう。

基本的な保険条件

保険 （組み合わせ自由）	死亡保障・高度障害・身体障害・ 介護保障（要介護認定時）・特定疾病保障
払込期間	10〜20年払込満了 50〜80歳払込満了（払込終了）
加入可能年齢	15〜80歳（男女問わず）
払込保険料	・月払での払込 3,000円〜 ・一時金での払込 200万円〜
加入条件など	健康告知の有無 （加入基準が緩和されているものあり）

※上記は一般的なものです。内容や取り扱いは各保険会社にご確認ください

07 国の「在宅介護支援」は 手当や 現物支給も充実

国が推進する「在宅介護」には手厚い支援がある

　国は在宅医療・介護の推進について、**「できるかぎり住み慣れた地域で、必要な医療・介護サービスを受けつつ、安心して自分らしい生活を実現できる社会を目指す」**と述べています。国民の60%以上が自宅での療養を望み、子どもや親族の家での介護を希望する人が4割を超えたことから、在宅介護の充実を急ぎ、医療・介護サービス提供体制を構築しているのです。市区町村では介護サービスの提供だけでなく、費用の負担軽減になる支援も行っています。

市区町村が給付する「介護手当（総称）」をチェック

　ここでは、意外と受給もれが多い市区町村の介護手当についてご紹介します。**介護手当は、介護する側への経済的支援として全体の約半分以上の自治体が独自に行う制度**です。医療費控除や自己負担を軽減する制度には目を光らせていても、要介護者あるいは家族に手当があることを知らない方は多いので、お住まいの市区町村の制度をチェックしましょう。

約半分以上の自治体が手当を支給

　ここでは、東京都江戸川区の介護手当（総称）の例を見てみます。なお手当の名称は市区町村によりさまざまで、江戸川区の場合は**「熟年者激励手当」**という呼称です。

江戸川区の「熟年者激励手当」（介護手当）の例

支給金額	月額15,000円 × 在宅月数
対象者 （条件をすべて 満たす方）	❶ 60歳以上で江戸川区に在住の方 ❷ 介護保険の要介護認定4または5で在宅の方 ❸ 本人および本人と住民票上の世帯を一にする 世帯、全員が住民税非課税の方

※ただし、以下の場合は申請不可
❶ 申請日が病院の入院費から退院日の間に入っているとき
❷ 申請日が介護保険施設などの入所日から退所日の間に入っているとき
（ショートステイ。お泊まりデイも含む）
❸ 重度心身障害者手当受給者・生活保護受給者
❹ 世帯内に住民税未申告者がいるとき（本人を含む）

出典：江戸川区ウェブサイト

困ったときは地域包括支援センターへ相談を

　多くの市区町村では、介護手当以外に現物支給も行っています。毎日使用する紙おむつや外出に必要なシルバーカーの給付、また安価な金額で利用できる緊急通報システムなどもあります。高齢者と家族が安心して自宅で暮らせるよう、必要なサービスを知っておきましょう。

市区町村が独自に行う現物支給・サービスの例

緊急通報システム	事前に設置すれば、万一のときにボタンを押すと24時間受付センターへ届き警備員などが駆けつける。定期的な安否確認も行う
徘徊探索サービス	電話での探索や、位置情報探索サイトを使った地図の表示場所などを家族に知らせる。24時間365日対応
紙おむつ・防水シーツの支給など	紙おむつや防水シーツの支給と配達サービス。ペースは市区町村によって異なる
配食サービス	食事作りが困難なひとり暮らしの方へ、昼食や夕食を届けるサービス。きざみ食やおかゆにも対応
寝具乾燥消毒・クリーニングサービス	寝具の預かり、乾燥消毒をしてお届けするサービス（敷布団、掛布団、毛布、枕など）
福祉理美容サービス	理美容師が自宅へ訪問しカットなどを行うサービス（市区町村より福祉理美容券などの交付）
シルバーカー給付	日常でシルバーカーが必要な方に給付

※自己負担額は市区町村に要確認

その他のサービス

杖の支給	地域包括支援センター、社会福祉協議会など
車いすレンタル	社会福祉協議会など
車いす対応自動車レンタル	社会福祉協議会など （※後部スロープから車いすのまま乗車できる車の貸し出し）
介護・家事支援・移送サービスなど	NPO法人やその他団体による「介護保険外」サービス（※10割負担よりも安価で依頼可能） ・草取りや話相手など ・震災支援、地域ネットワークの支援 ・買い物、レジャー、通院などの送迎を行う

08 施設に入ってから意外にかかる「ホテルコスト」って？

介護保険の自己負担額に加えて5〜10万円程度が必要

介護施設または有料老人ホームでは、介護保険サービスの自己負担金のほかにも、家賃や光熱費や食費など入所者が支払うべき項目があります。これらは**ホテルコスト**と呼ばれています。

<ホテルコストの例（1日あたり）>
・家賃　　1,000〜2,000円
・光熱費　1点50円（テレビ、冷蔵庫、電気毛布など）
・食費　　1,500円

上記の金額を参考にすると、1か月の費用は約5〜10万円程度です。ただし、負担限度額の認定（食費・居住費の軽減制度）の対象者は、一般の方に比べて負担が軽減されます。

ホテルコストは介護保険対象外？

ホテルコスト（家賃・光熱費・食費など）は、2005年の介護保険法改正までは介護保険でまかなわれていました。しかし在宅で介護している家庭は、当然ながら要介護者の家賃や光熱費や食費を負担しています。そこで公平性を保つため、施設にかかるホテルコストが**原則自己負担**となったのです。

また、このコストは短期間の入所であるショートステイなどでも発生

し、介護施設によって値段がまちまちです。この値段の違いも、施設選びの際に考慮すべき重要要素のひとつとなります。一般的に、個室のある施設の方が高い傾向にあると言われます。

　昔は「多床室（大部屋）では入所者のプライベートが守られない」と敬遠されていましたが、最近は個室にこだわって高い費用を払うよりも、ホテルコストの安さから多床室を選ぶ方も少なくないようです。施設選びにおいては入所前によく調べておきましょう。

その他の日常生活費

　施設入所後にかかる費用には、**その他の日常生活費**というものもあります。自己選択できるサービスなどのことで、自治体や施設により解釈に違いはありますが、そのおもだったものをご紹介します（下記は参考ですので、事前に施設へご確認ください）。

　　＜その他の日常生活費の例＞
　・預かり金の出納管理にかかる費用
　・行政等への手続き代行費用
　・レクリエーションの実費
　・定期的に買い替えが必要な口腔ケア用品代やひげ剃り代
　・買い物の代行手数料
　・訪問理美容代
　・テレビを借りる場合はリース代　など

おむつ代は施設によって有料になる

　入所する施設によって費用の有無が変わるのが、紙おむつです。特別養護老人ホームや介護老人保健施設などでは、保険給付の対象とされており無料です。しかし有料老人ホーム、デイサービス、グループホーム

などでは、基本的に別途支払いが必要になる可能性が高いです。**1日に最低1〜2枚交換する場合、毎月5,000〜1万円程度**かかります。おむつの単価は幅がありますが、だいたい100円前後です。一方パッドの単価は、だいたいおむつの半額くらいです。

　私物の洗濯代金についても、施設によって異なります。特別養護老人ホームでは洗濯代金はかかりませんが、介護老人保健施設や介護療養型医療施設や介護医療院、有料老人ホームやグループホームなどは料金がかかります。

施設側のルール

　その他の日常生活費を請求するにあたり、施設側は以下のルールを守ることになっています。

❶ 保険給付対象のサービスと重なっていないもの
❷ あいまいな名目ではないもの
❸ 入所者選択に基づくもの
❹ それを利用者や家族が同意しているもの
❺ 実費の範囲内のもの
❻ 内容や金額を運営規定で定めてあるもの
❼ 重要事項として施設の見やすい場所に掲示してあるもの　など

不明瞭な表記がないか入所前に確認

　上記の**「❷あいまいな名目」には、手間賃・お手伝い費・共益費・施設利用補償金などが該当**します。そうした不明瞭な表記がないか、入所する前にしっかり確認しましょう。ちなみに「❸入所者選択に基づくもの」とは、入所者やその家族に選択の機会を与えられている費用のことです。

一方、一律にお金が取られる費用については、基本的に施設側の負担となります。たとえば、シャンプーや石鹸など利用者別ではなく共用浴室で皆で使用するもの、共有の談話室にあるテレビやカラオケ設備使用料などを、入所者人数で頭割りして請求することは認められません。

入所してから「こんなにかかるの？」と困らないように

このように「❷あいまいな名目」などをはじめとする、不明瞭な請求をする施設は以前に比べてだいぶ減ったものの、一部の施設ではいまだ請求があるようです。

一度入所して親を預けてしまうと、請求に疑問が生じてもなかなか言い出しにくくなると思いますので、入所前に**「費用はすべて込みでこの金額ですね。介護保険の自己負担金なども含めて、総合計で○○円で、それ以上はかかりませんか？」**と具体的に確認しましょう。

また、66ページで「その他の日常生活費の例」で挙げたものの中でも、市区町村によっては「請求不可」としているところもあったりもします。例えば、「行政等への手続代行費用」などはその一例です。「絶対にかかる費用とは言い切れないもの」で疑問に感じたものについては、施設へ確認しましょう。

施設入所は家族にとっても初めての経験ですし、費用面などわかりにくい点を施設に確認することは当然の権利です。お金のことは聞きづらいと感じるかもしれませんが、遠慮してはいけません。介護保険の自己負担だけでなく、その他の日常生活費との合計を教えてもらいましょう。逆に言えば、そうした費用を丁寧に教えてくれる施設かどうかも、施設選びの一つの基準ともいえるでしょう。

09 親が亡くなる前に知っておくべきこと・やっておくべきこと

親が元気なうちに聞いておきたいポイントは?

　長い間、親と別々に暮らしている方も少なくないと思います。皆さんが新しい生活を築いてきたように、親も親で皆さんを育てていたときとは違う生活をしており、お互いにわからないことは多くあります。そこで、親が元気なうちに聞いておくべきことを聞いておきましょう。借金についても、相続対象になるため注意しましょう。

介護費用は要介護者自身がまかなうのが原則

　いざ介護が始まると、医療費や介護保険サービス利用料、おむつ代など、さまざまな出費があります。さらに遠距離介護の場合は、実家に帰省する交通費も必要です。こうした費用のすべてを介護する側が負担し続けていくのは正直、厳しいですよね。そうではなく、**親自身の持ち分ではどうしても不足するという場合のみ、子どもが無理のない範囲で費用を援助することが鉄則**です。可能であれば、親の預貯金についても把握しておきましょう。親としては、介護費用や葬儀費用を保有財産から分け、財産管理を任せられる子どもに託すことも一案です。

親の意向や近所付き合いも知っておこう

　いざ介護が必要になったら、「誰に・どこで介護してほしいか」「介護費用はあるか」「財産を誰に管理してほしいか」「保険金の受取人は誰か」など、親が元気なうちに知っておくべきことが多くあります。在宅

か施設でどのような最期を望むのか、望む埋葬方法や檀家について、ペットがいれば世話の方法なども、親とのふだんのコミュニケーションの中で徐々に聞いていきましょう。また近所付き合いや交友関係の把握も重要です。親がひとり暮らしの場合は、倒れたら発見してくれる人が身近にいるのか知っておくべきだからです。まさに**遠くの親戚より近くの他人**、です。

「エンディングノート」をつけておこう

「親から聞いておくべきこと」を形にしておくという意味で、**エンディングノート**が役立ちます。「親の思い」「遺言」「医療介護情報」「資産」「葬儀」「形見分け」「人間関係」など、親が元気なうちに記録を残しておいてもらうことは大切です。

　私も「東京都中高年福祉推進員」として、エンディングノートを推奨してきました。親が元気なうちは、子に伝えるべきことについてまじめに話しをするのは、親も子もなんとなく照れくさいもの。そこで、「まずは気楽に書いてもらう」ことをおすすめします。親も記録に残すことにより、自分の思いや考えを整理することができます。また、**文章に残して自分の頭の中だけにあったことを「見える化」することで、第3者が見ても理解できる**ようになります。それにより、子が親の必要情報を把握していくことになるのです。

「親の好み」「親が輝いていた頃」も聞いておこう

　親が認知症になる前に、親の好みや昔の輝いていた姿を聞いたり、その頃の写真などを入手しておくことも大切です。それらは認知症になった際に**回想法**として活用できるからです。回想法とは、昔の自分の話をしたり、写真を見たり、その頃の道具や音楽など、認知症高齢者が昔を振り返ることで、情緒が安定し認知機能の改善を目指すという心理療法です。

親が元気なうちに聞いておくべきことのポイント

	項目	具体例
体調	緊急連絡先	子ども、ご近所さん（実家の目につくところに貼っておく）
	各種保険証、手帳	健康保険・介護保険証、障害者手帳、年金手帳の所在
	健康情報	服薬中の薬、既往歴、治療中の病気、主治医
お金・貴重品	貴重品、重要書類の所在	現金、通帳、印鑑、不動産権利証、有価証券、ゴルフ会員権、生命保険・医療保険証書、身分証明書、貸金庫のカード・鍵など
	借金の有無	ローン、借入金、連帯保証人・身元保証人就任など
	定期的支出や自動振替項目	光熱費、通信費、租税公課、諸会費など
	生前贈与や貸付金の有無	あれば書面化しておく。つまり「遺言書」の作成が有効。認知症発症後の判断能力不十分な遺言書は無効になるので、元気なうちに
死後の事務手続き	葬儀のやり方	場所、戒名、遺影写真の有無、お墓・埋葬方法（散骨や樹木葬など）
	遺言書の有無	遺言書の種類・遺言執行者、遺品処分方法・形見分け、ペットの世話、法廷相続人の確認（誰なのか？それらの相続分についてもしっかり確認しないともめるケースが多い）
	相続税対策	生命保険や遺言控除を使い、節税可能
	もしもの時に呼ぶ人	入院時、危篤時、臨終時、通夜・葬式の時、誰を呼んでほしいのか？
	断捨離	生前整理（子どもだけに任せない、あるいは子どもと一緒に始める）

参考：厚生労働省「親が元気なうちから把握しておくべきことチェックリスト」

月に2回、父と私のハッピーデー

毎月、必ず2回は会いに行こう。そう決めて、在宅介護（別居の呼び寄せ介護）だった父の特別養護老人ホーム入所に踏み切りました。

父が脳梗塞で倒れたのは、私が36歳のとき。38歳で経営者になった私は、当時仕事に夢中でした。父が施設に入ったのは、事業を始めてからちょうど3年がたった頃。本来なら徐々に経営が軌道に乗っていくはずでしたが、この頃一番の赤字が出ていました。会社を守りたい一心で、経営者としての勉強をしながら現場にも出勤し、夜は経理事務や労務、時間が空けば交流会に行く毎日。そんな中、昼夜問わず見守りが必要だった父の在宅介護が限界を迎え、施設入所を選びました。が、なかなか施設に足が向かない自分。正直、「少し休みたいな」という気持ちがあったのです。

しかし、私が仕事に邁進しているときにかぎって、父が熱を出したり排泄障害などを起こして施設から呼び出しがありました。「どうしてこのタイミングなの？」と思うような場面でたびたび起きる呼び出しに、私は首を傾げました。そしてハッとしたのです。「もしかしたら父は、娘が自分の具合が悪くならないと来てくれない」と思っているのかもしれない、と。

なぜなら、在宅介護の頃から糖尿病を患い、施設に入ってからは尿排泄障害があった父はバルーンカテーテルを挿入することになり、2〜4週間ごとに交換のため私と近くの病院に通院していたのですが、その通院回数と当初決めた「毎月2回は面会に行く」という目標が偶然一致していたからです。

私は、「ごめんね、お父さん。月に2回は2人の『ハッピーデー』だ！」と決め、それからは通院の帰りに父と喫茶店でコーヒーや甘いものを食べて過ごしました。それが、当時の私ができるベストの選択でした。そしてそれからは、父の体調も落ち着いたのです。

一生懸命介護をしても「まだ足りない」と自責の念にかられる方がいらっしゃいますが、親はあなたが忙しい中で時間を作っていることをわかってくれています。ですから、いまのあなたができるベストでいいのです。親があなたの日頃の介護に感謝してくれていることも、どうか忘れないでください。

第3章

介護認定審査会委員だからわかる!

「介護保険サービス申請 と介護認定審査」 攻略法

01 親が倒れたら 市区町村へ 介護保険サービスの申請を

介護保険サービスを開始しよう

　公的な介護サービスを1〜3割負担で受けられる**介護保険サービス**を利用するには、65歳になると住民票登録をしている市区町村から交付される**介護保険被保険者証**が必要です。親が入院したら、なるべく早く市区町村の介護保険課か地域包括支援センター窓口へ**要介護認定（親が介護状態であるかどうか市区町村の判定を受けること）の申請**をしましょう。認定されれば、介護保険サービスが利用できます。

申請の手続きについて

　要介護認定を受けるときに必要なのは、下記の書類です。書類提出のほか、訪問調査員が自宅や入院先の病院にやって来て、心身状態の把握を行います。訪問調査員は、要介護認定の対象者が**「現在介護状態であるか」**を確認・調査し、介護認定審査会へ調査項目について提出します。審査結果は、おおむね30日で通知されます。

　　＜必要な提出書類＞
　　・介護保険要介護認定・要支援認定等申請書
　　・介護保険被保険者証（40歳〜64歳の方は国民健康保険などの医療
　　　保険の被保険者証。第2号被保険者証は、特定の疾病が原因で要介
　　　護・要支援状態になった場合にかぎる）
　　・主治医意見書（医療機関から市区町村へ提出される）　など

要介護認定の申請は、原則として本人または家族が行います。しかし**依頼をすれば、地域包括支援センターや居宅介護支援事業所が申請書の手配や記入（本人署名欄を除く）、提出までを申請代行してくれます。**仕事を休めない、親の住まいと自宅が遠方であるなどの理由で、日中動けない場合には、遠慮なく申請代行を依頼しましょう。

ケアマネジャーに「ケアプラン」を作成依頼

　無事に要介護認定が下りたら、**担当のケアマネジャーを決めて契約を**交わします。市区町村の介護保険課や地域包括支援センターで、地域のケアマネジャーが所属する**居宅介護支援事業所**の情報を得られます。

　ケアマネジャーと契約し、退院後の**ケアプラン**を作成してもらうことで、介護サービスの利用を可能になります。基本的には、要介護認定の申請を行ってくれたケアマネジャーと契約をします。担当になったケアマネジャーは、必要な介護サービスを提供してくれたり、受け入れ可能な介護事業所を複数紹介してくれたりします。また、在宅介護がよりスムーズに行えるように、ホームヘルパーや地域のデイサービスに関する情報、福祉用具の紹介など多岐にわたってサポートしてくれます。**ケアマネジャーの決め手は、電話対応の際に人当たりが良かった、アドバイスが的確で頼りがいがあったなど、人によってさまざま**です。

病院内にある「医療・介護連携相談室」の活用

　もし入院先の病院に**医療・介護連携相談室（名称はさまざまあり）**がある場合は、一度相談してみることをおすすめします。介護に不安のある家族が気軽に相談できる窓口として、介護関係者などへ橋渡しをしてくれます。相談員がお住まいの市区町村の要介護申請窓口の連絡先や所在地などを教えてくれるだけでなく、地域のケアマネジャーや介護事業所の情報、かかりつけ医や在宅医療の情報提供なども行ってくれるため、

平日は仕事でなかなか動けない、という方には大きな助けになります。

ケアマネジャーと介護事業者選びのポイントは？

　ちなみに、**ケアマネジャーは何度でも変更することが可能**です。もしも契約したケアマネジャーの紹介するサービスにミスマッチがある、連絡がつながりにくい、コミュニケーションに不安を感じる場合は、地域包括支援センターや居宅介護支援事業所などで変更が可能です。

　はっきりした「正解」を出すのは難しいのですが、**筆者が考えるベストなケアマネジャーとは、「介護の知識が深く、地域との連携が取れていること」「事業所が近所であること」「キーパーソンとの相性が良いこと」「高齢者の人権を尊重していること」**だと思います。つまり、ケアマネジャーの持つ情報量が多いほど家族介護者の選択肢が増える、近所なら何かあったときに親のもとへ駆けつけてもらうことができる、そしてキーパーソンの生活にも配慮したプランを立ててくれる、高齢者のプライドやこだわりに理解を示してくれる人が、ベストなケアマネジャーといえるのではないでしょうか。

　ケアマネジャー探しは「最高」ではなく、「最良」を目指すとちょうどいいと思います。いくら愛想が良くて親（高齢者）と相性が良くても、それだけではベストとはいえません。実際は、ふだんは穏やかで物静かでも、いざというときに迅速に動いてくれる、まめに様子をキーパーソンに報告してくれるケアマネジャーがありがたい存在です。もし担当のケアマネジャーが、介護サービスの見直しを依頼しても返事ばかりで動いてくれない、情報量が少ない、高齢者に対して「親しげ」ではなく「慣れ慣れしさを感じる」など、何か違和感を感じることがあれば遠慮なく変更を検討しましょう。これはケアマネジャーにかぎらず、介護サービスを提供する事業者全般においても同じことです。

02 「要介護」と「要支援」はどう違う？介護度の7段階

要介護度には7段階ある

　要介護度には、大きく分けて**要支援**と**要介護**の2種類があります。**要支援とは、日常生活に支障はないものの将来介護状態になるおそれがある状態**をいいます。**要介護とは、食事や入浴、排泄に至る日常生活動作について常時介護が必要な状態**をいいます。

　要介護認定の結果、**非該当（自立できている）**になるケースもありますが、その場合は介護保険サービスではなく、市区町村が中心になって行う介護予防事業に参加することができます。

それぞれ利用限度額やサービスが異なる

　要介護度は現在7段階のレベルに分けられています（「非該当」を入れると8段階）。介護サービスにはそれぞれの要介護度に応じた利用限度額が設定されており、利用限度額内の利用であれば介護保険が適用され、**利用者の負担割合（利用料）は1〜3割**です。65歳以上の方は1割、または一定の所得がある場合は2割負担です。また、2018年からは現役並みの所得がある方は3割負担に変更となりました。負担割合は、「介護保険負担割合証」に記載してありますので確認しましょう。

　要介護認定で「非該当（自立）」と判定されても、市区町村が行う介護予防・日常生活支援総合事業（一般介護予防事業）に参加することができます。日常生活で心身の状態に不安を感じる方は、健康づくりのため積極的にサービスを活用しましょう。

要介護度・要支援度別の状態区分

区分	要介護度の目安
要介護5	排泄や食事など、身の回りのことに全面的な介護が必要。ほぼ寝たきりの状態
要介護4	日常生活全般の介助が必要。移動や立位がひとりでできない
要介護3	日常生活、移動や立位の保持に一部介助が必要
要介護2	日常生活、移動に何らかの介助を必要とする
要介護1	日常生活はほぼ自立しているが、何らかの介助や見守りを必要とする
要支援2	身の回りの一部介助や見守りを必要とし、改善の見込みあり
要支援1	日常生活はほぼ自立。何らかの介助や見守りを必要とし、改善の見込みが高い
非該当（自立）	現在、日常生活において介護や支援が必要ない状態

※上記は目安であり、状態が完全に一致するものではない

要介護度／要支援度別支給限度額

	支給限度額（円）	利用限度単位数
要介護5	**362,170**	36,217単位／月
要介護4	**309,380**	30,938単位／月
要介護3	**270,480**	27,048単位／月
要介護2	**197,050**	19,705単位／月
要介護1	**167,650**	16,765単位／月
要支援2	**105,310**	10,531単位／月
要支援1	**50,320**	5,032単位／月

※介護サービス利用料は、要介護度によって利用限度単位数を設定。表では1単位を10円として計算
（令和4年1月現在）

高齢者の介護サービスの全体像

❶ 65歳以上で介護予防に取り組みたい非該当（自立）の方

❷「基本チェックリスト」で介護や支援を必要とする方（事業対象者）

❸ 要支援1～2の方　❹ 要介護1～5の方

介護予防・日常生活支援総合事業	一般介護予防事業	対象：❶❷❸❹
		・介護予防教室 ・介護支援ボランティアポイント事業 ・健康づくり教室　など
	介護予防・生活支援サービス事業	対象：❷❸
		・訪問型サービス 　（国基準訪問型サービス、訪問型サービスA） ・通所型サービス 　（国基準通所型サービス、通所型サービスC）
介護予防サービス	介護予防サービス	対象：❸
		・介護予防訪問看護 ・介護予防通所リハビリテーション ・介護予防居宅療養管理指導 ・福祉用具貸与　など
	地域密着型介護予防サービス	対象：❸
		・介護予防小規模多機能型居宅介護 ・介護予防認知症対応型通所介護　など
介護サービス	在宅サービス	対象：❹
		・訪問介護 ・訪問看護 ・通所介護 ・短期入所生活介護（ショートステイ）など
	地域密着型サービス	対象：❹
		・定期巡回 ・認知症対応型共同生活介護（認知症高齢者グループホーム） ・随時対応型訪問介護看護　など
	施設サービス	対象：❹（※原則要介護3以上の方）
		・介護老人福祉施設 ・介護老人保健施設 ・介護療養型医療施設　など

3

元介護認定審査会委員だからわかる！

「介護保険サービス申請と介護認定審査」攻略法

03 親にこんなサインがあったら 地域包括支援センターへ 早めの相談を

介護予防は早期のアプローチが大切

　65歳を超えると、徐々に心身の老化から気持ちが不安定になったり、外出をおっくうに感じるようになります。親に「家から出たがらない」「疲れやすい」「小さな段差でつまづく」などの症状があったら、地域包括支援センターへ相談に行きましょう。要介護認定を受けていない高齢者でも必要なサービスが受けられるよう、さまざまな情報提供をしてくれます。

要介護認定で非該当でもサービスを受けられる

　要介護認定を受けていない65歳以上の方は、「介護予防・日常生活支援総合事業（一般介護予防事業）」の行う転倒予防教室や、口腔ケア体操に通うことができます。また、地域包括支援センターで地域のコミュニティも紹介してもらえます。積極的な社会参加によって、家に閉じこもらず健康的で楽しい毎日を過ごすことができます。

基本チェックリストを受けてみよう

　地域包括支援センターに行ったら、82ページにある「基本チェックリスト」を記入してみましょう。その人にとって必要な介護予防項目を知ることができます。もし生活機能の低下が見られた場合は、「事業対象者」として「訪問型サービス」や「通所型サービス」を利用することができます。

サービス利用に至るまでの流れ

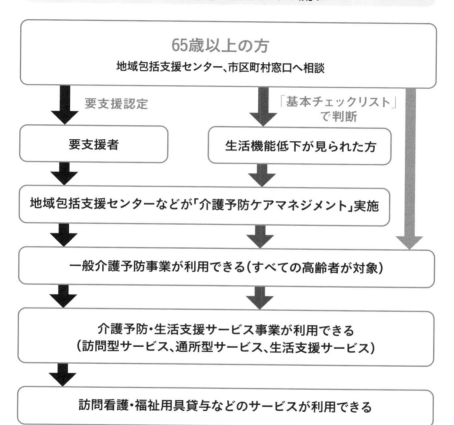

65歳以上の方
地域包括支援センター、市区町村窓口へ相談

要支援認定

「基本チェックリスト」
で判断

要支援者

生活機能低下が見られた方

地域包括支援センターなどが「介護予防ケアマネジメント」実施

一般介護予防事業が利用できる(すべての高齢者が対象)

介護予防・生活支援サービス事業が利用できる
(訪問型サービス、通所型サービス、生活支援サービス)

訪問看護・福祉用具貸与などのサービスが利用できる

基本チェックリスト（厚生労働省作成）

	質問項目	回答		得点
1	バスや電車でひとりで外出していますか	0. はい	1. いいえ	
2	日用品の買い物をしていますか	0. はい	1. いいえ	
3	預貯金の出し入れをしていますか	0. はい	1. いいえ	
4	友人の家を訪ねていますか	0. はい	1. いいえ	
5	家族や友人の相談にのっていますか	0. はい	1. いいえ	
6	階段や手すりや壁をつたわらずに昇っていますか	0. はい	1. いいえ	
7	椅子に座った状態から何もつかまらずに立ち上がっていますか	0. はい	1. いいえ	
8	15分間ぐらい続けて歩いていますか	0. はい	1. いいえ	
9	この1年間に転んだことがありますか	1. はい	0. いいえ	
10	転倒に対する不安は大きいですか	1. はい	0. いいえ	
		NO.6〜10の合計		
11	6か月間で2〜3kg以上の体重減少がありましたか	1. はい	0. いいえ	
12	身長（　　cm）　体重（　　kg）　BMI（　　） ※BMI18.5未満なら該当。BMI＝体重（kg）÷身長（m）÷身長（m）	1. はい	0. いいえ	
		NO.11〜12の合計		
13	半年前に比べて固いものが食べにくくなりましたか	0. はい	1. いいえ	
14	お茶や汁物などでむせることがありますか	0. はい	1. いいえ	
15	口の渇きが気になりますか	0. はい	1. いいえ	
		NO.13〜15の合計		
16	週に1回以上は外出していますか	0. はい	1. いいえ	
17	昨年と比べて外出の回数が減っていますか	0. はい	1. いいえ	
18	周りの人から「いつも同じことを聞く」などの物忘れがあると言われますか	0. はい	1. いいえ	
19	自分で電話番号を調べて電話をかけることをしていますか	0. はい	1. いいえ	
20	今日が何月何日かわからない時がありますか	0. はい	1. いいえ	
		NO.1〜20までの合計		
21	（ここ2週間）毎日の生活に充実感がない	0. はい	1. いいえ	
22	（ここ2週間）これまで楽しんでやれていたことが楽しめなくなった	0. はい	1. いいえ	
23	（ここ2週間）以前は楽にできていたことがいまではおっくうに感じられる	0. はい	1. いいえ	
24	（ここ2週間）自分が役に立つ人間だと思えない	0. はい	1. いいえ	
25	（ここ2週間）わけもなく疲れたような感じがする	0. はい	1. いいえ	

左のチェックリスト回答欄に「はい」「いいえ」（0または1）の数字を記入していきます。その結果、次のいずれかに該当するかを判定します。

- ・項目1〜20の合計が10点以上（全5分野合計）
- ・項目6〜10の合計が3点以上（運動機能合計）
- ・項目11〜12の合計が2点（身長・体重測定合計）
- ・項目13〜15の合計が2点以上（口腔機能合計）

　上記のいずれかに該当した方は、市区町村が提供する介護予防事業を利用できる可能性があります。お近くの市区町村や、地域包括支援センターに相談してみましょう。

介護保険の「総合事業」とは

　介護予防・日常生活支援総合事業には**介護予防・生活支援サービス事業**と**一般介護予防事業の2種類**があります。それぞれの心身の状態に合った介護予防サービスが受けられますので、要介護状態にならないよう現状維持・改善を目指し、積極的にサービスを活用しましょう。

介護保険総合事業の対象者とサービス内容

	介護予防・生活支援サービス事業	一般介護予防事業
対象者	・要支援1〜2の方 ・「基本チェックリスト」該当者	65歳以上の方すべて
受けられるサービス	・訪問型サービス ・通所型サービス ・その他生活支援サービス ・介護予防ケアマネジメント 　など	・体力測定 ・転倒予防教室 ・口腔ケア体操 ・脳トレ体操 ・講演会など

生活の質を高める生活習慣

　介護が必要になる原因の多くは、脳血管疾患、認知症、ロコモティブ
シンドローム、心疾患です。こうした疾患を予防するためには、効果的
な運動、社会活動、食事の栄養バランスが重要となります。

　**65歳以上の高齢者数は、2025年に3677万人となり、日本の人口の
30%を超える見込み**です。健康寿命を延ばし、生活の質を高めること
が日本全体の課題でもあります。以下のことに気をつけて日常生活を
送ってもらうようにしましょう。

❶ 睡眠時間を確保する

　成人に必要な睡眠時間の目安は6〜8時間ですが、加齢とともに睡眠
が浅くなります。午前中に日光を浴び、食事時間を規則正しく、寝室の
室温や照明を調整するなどして一定の睡眠時間を保つよう心がけましょ
う。

❷ 適正体重を維持する

　一般的に適正体重は22×身長（m）^{2}で求められ、年齢ごとのBMI
（肥満や低体重の判定）は70歳以上で21.5〜24.9とされています。高齢
者の低体重は筋力低下につながり、口腔機能や身体機能の低下のきっか
けになります。定期的に体重測定をしてリスクを回避しましょう。

❸ 塩分を取りすぎない

　高齢者の塩分摂取量は、**1日6グラムが目安**とされています。高齢にな
ると腎機能が低下するためです。日頃から減塩を心がけましょう。成人
男性は8グラム、女性は7グラムが目安です。

郵便はがき

163-8791

999

（受取人）

日本郵便 新宿郵便局
郵便私書箱第330号

（株）実務教育出版

愛読者係行

フリガナ		年齢　　　歳
お名前		性別　　男・女
ご住所	〒	
電話番号	携帯・自宅・勤務先　　　（　　　）	
メールアドレス		
ご職業	1. 会社員 2. 経営者 3. 公務員 4. 教員・研究者 5. コンサルタント 6. 学生 7. 主婦 8. 自由業 9. 自営業 10. その他（　　　　　）	
勤務先 学校名		所属（役職）または学年

今後、この読書カードにご記載いただいたあなたのメールアドレス宛に
実務教育出版からご案内をお送りしてもよろしいでしょうか　　　はい・いいえ

毎月抽選で5名の方に「図書カード1000円」プレゼント！
尚、当選発表は商品の発送をもって代えさせていただきますのでご了承ください。
この読者カードは、当社出版物の企画の参考にさせていただくものであり、その目的以外
には使用いたしません。

■ 愛読者カード

ご購入いただいた本のタイトルをお書きください】

タイトル

ご愛読ありがとうございます。
今後の出版の参考にさせていただきたいので、ぜひご意見・ご感想をお聞かせください。
なお、ご感想を広告等、書籍の PR に使わせていただく場合がございます（個人情報は除きます）。
●●●●●●●●●●●●●●●●●●●●該当する項目を○で囲んでください●●●●●●●●●●●●●●●●●●●

◎本書へのご感想をお聞かせください

・内容について	a. とても良い	b. 良い	c. 普通	d. 良くない
・わかりやすさについて	a. とても良い	b. 良い	c. 普通	d. 良くない
・装幀について	a. とても良い	b. 良い	c. 普通	d. 良くない
・定価について	a. 高い	b. ちょうどいい	c. 安い	
・本の重さについて	a. 重い	b. ちょうどいい	c. 軽い	
・本の大きさについて	a. 大きい	b. ちょうどいい	c. 小さい	

◎本書を購入された決め手は何ですか

a. 著者　b. タイトル　c. 値段　d. 内容　e. その他（　　　　　　　　　　　　　）

◎本書へのご感想・改善点をお聞かせください

◎本書をお知りになったきっかけをお聞かせください

a. 新聞広告　b. インターネット　c. 店頭（書店名：　　　　　　　　　　　　　）
d. 人からすすめられて　e. 著者の SNS　f. 書評　g. セミナー・研修
h. その他（　　　　　　　　　　　　　　　　　　　　　　　　　　　　　　）

◎本書以外で最近お読みになった本を教えてください

◎今後、どのような本をお読みになりたいですか（著者、テーマなど）

ご協力ありがとうございました。

❹ アルコールを取りすぎない

　高齢者の過度な飲酒は健康寿命に影響し、脳血管障害・骨折・認知症などを発症するリスクが上がります。**週に2日は休肝日をつくり**、飲む日でも缶ビールなら1本以下、食事と一緒にゆっくり飲むようにしましょう。

❺ 他人と交流する

　積極的に町内会や行事に参加することで、会話の頻度が増え、日常生活にハリが生まれます。また、自分の居場所や役割があると生きがいを感じることができます。

❻ 定期的に運動する

　歩行などの身体活動は、寝たきりや死亡のリスクを減少させる効果があります。約10分の歩行で、おおむね1,000歩となります。**毎日6,000歩を目標に**、散歩を行いましょう。

❼ 喫煙をしない

　喫煙は呼吸器疾患の原因となり、肺や免疫系へ悪影響を及ぼす可能性もあります。できることなら喫煙はさけましょう。

04 初めての人でもわかる「介護保険制度」あれこれ

介護保険の運営者は「市区町村」

　介護保険の運営を行うのは市区町村です。市区町村は**保険者**と呼ばれ、要介護認定、介護保険被保険者証の発行、保険料徴収と保険給付、介護認定審査会の設置などを行います。保険者は、それぞれの地域のニーズに合った介護保険事業計画を立てるため、地域によって利用できるサービスには違いがあります。

40歳以上のすべての人が被保険者

　65歳以上を第1号被保険者、40〜64歳までを第2号被保険者といいます。原則として、住民票がある市区町村において介護保険の資格要件があり、転居して住民票が変われば、その新しい市区町村が保険者となります。被保険者は保険料を市区町村に毎月納め、介護が必要になったら要介護認定の申請手続きを行います。一方、市区町村は介護保険被保険証交付と要介護認定通知を行います。

介護サービスを行うのは民間企業など

　介護を必要とする被保険者は、介護の事業者である民間企業にサービス費用を支払い、事業者はサービスを提供します。サービス提供事業者と市区町村との間では、事業者が保険請求をし、市区町村がサービス提供総費用の利用者負担額以外の7〜9割を支払います。

　また地域包括支援センターでは、被保険者で要支援の認定を受けた人

への介護予防サービス対象者のマネジメント（介護予防ケアプランの作成）を行います。さらに、家族介護者からの相談を受けたり、要介護認定を受けていない高齢者に対しても、さまざまなアドバイスや介護予防に関する情報提供を行います。

地方の施設に入る場合は「住所地特例」を知っておこう

　高齢者は、自宅のある市区町村とは異なる介護施設に入所することがあります。その場合、入所前に住所があった市区町村が保険者になるという制度を、**住所地特例**といいます。

　これは、施設が集中する市区町村に被保険者が集まりすぎて、財政不均衡になることを避けるために作られました。つまり被保険者は、「いままで介護保険料を納めてきた地域」から「介護保険給付を受ける」ということになります。

空きのある地方の特別養護老人ホームを希望する場合など

　たとえば、都市部にお住まいの方が近所の特別養護老人ホームに申し込んだ場合、何年も待機する必要があるかもしれません。そのようなときは、必要に応じて「比較的空きのある、地方の特別養護老人ホームに入所する」という選択肢も検討すると良いでしょう。実際にそのような形で入所する高齢者も数多くいます。在宅介護が限界を迎えたり、老々介護になってしまったりなど、今後の事態に備えて住所地特例をぜひ知っておいてください。

05 知らないと損！「財布」に直結する介護認定審査の流れ

正しい介護認定が下りるには

　さて、ようやく介護申請を提出することができました。きっとこの頃にはインターネットで調べたり、ケアマネジャーや市役所から聞いたりして、介護保険サービスの知識も得ていることでしょう。本来であればここでひと安心ですが、実は**本当に安心していいのは「正しい要介護認定」が下りてから**です。ここからは、私の「介護認定審査会委員」という立場からお話しします。

要介護認定はどのように行われるのか

　要介護認定は、介護サービスの必要度を判断するために行うものです。まず高齢者の心身状況に関する調査を行い、コンピューターによる一次判定と、**介護認定審査会（保健・医療・福祉の学識経験者で構成）**で二次判定を行います。対象となる方の介護サービスの必要性を、客観的かつ公平に判定するためのしくみです。判定に必要となるのは、おもに「心身に関する情報」で、訪問調査員による聞き取りや主治医意見書が必須となります。一方、審査の結果、介護や支援が必要ないと判定された場合には、非該当となることもあります。

希望の認定結果が出るとはかぎらない

　審査からおおむね30日で届く認定結果の通知書によって、利用できるサービスや介護保険が適用される限度額がわかります。もし予想より

要介護と認定されるまでの流れ

被保険者

- 介護保険サービスを利用する時は「要介護認定」を受ける
- 申請は本人の他、家族もできる(申請の窓口:市区町村の介護保険課)

市区町村の
窓口へ申請

(地域包括支援センターや
居宅介護支援事業所や介
護保険施設などが代行で申
請することも可能)

▼

訪問調査員
などが自宅や
入院先へ訪問

①

④ 認定結果の通知

市区町村

- 要介護認定
(介護認定審査会)

②

医師

- 意見書

主治医に意見書の
作成を依頼
回収は市区町村が行う

コンピューター判定
訪問調査の結果による一次判定。
介護認定審査会に審査を依頼

▼

審査判定結果を
市区町村へ提出

③

介護認定審査会

- 医師、歯科医師、薬剤師、看護師、理学療法士、社会福祉士、介護福祉士などの
学識経験者から構成される
- 介護の必要量を全国一律の基準に基づき、客観的に判定する。一次判定(訪問調
査員による心身の状況調査・主治医意見書に基づくコンピューター判定)を受け、
二次判定を行う

出典:大川市ウェブサイト

介護度が低く、正しい要介護認定がされなかったと感じた場合は、認定結果を受け取った日の翌日から3か月以内に不服申し立てができます。ただし、結果が出るのに数か月かかることがある他に、その間介護サービスが使えないため、**要介護度の区分変更申請（要介護認定を受けている方で、心身の状態が著しく変化した場合に再度認定調査を依頼できる制度。95ページ参照）**をおすすめします。30日以内に結果を出してもらうことができるので、ケアマネジャーに相談してみましょう。

退院日が早まり、早く介護サービスを使いたいときは？

急激な体調の変化から、認定結果通知を待たずに今すぐ介護サービスを使いたくなった場合、あるいは急に退院日が早まってしまった場合などは、認定前でもケアマネジャーに**暫定ケアプラン**を立ててもらうことができます。暫定ケアプランとは、要介護者の**介護度を予測して、先に介護保険サービスを使えるしくみ**です。

介護保険サービスを前倒しで使うときは実費の発生に注意

ただし、暫定ケアプランを使う際の注意点があります。認定結果が暫定ケアプランと一致していれば問題ありませんが、必ずしも予測通りの介護度が下りるとはかぎりません。**実際には介護度が低く出てしまい、利用限度額を超えて介護サービスを使ってしまった分は実費で支払う必要があるので要注意**です。

たとえば、要介護2の区分支給限度額は1か月19万7,050円（1万9,705単位）で、要介護3の区分支給限度額は27万480円（2万7,048単位）です（令和元年10月現在）。しかし暫定プランが要介護3で、実際の介護度が要介護2だと、差額の7万3,430円を実費で支払わなければなりません。リスク回避策としては、利用するサービスを最低限にしておくことです。

正しい介護認定を受けるための8つのポイント

　要介護認定で重要なのは、主治医の「意見書」と、訪問調査員に正しく現状を把握してもらうことです。以下のポイントを参考にしてください。

❶ 親に代わって医師にふだんの様子を伝える

❷ 時間内で伝えきれない情報や本人の前で言いにくいことは、メモに書いて渡す

❸ 訪問調査員には、身支度や部屋の状況を含め、ふだんのままを見てもらう

❹ 医師に自身の就業継続の意向を伝え、親に必要な介護度を伝える

❺ 訪問調査の日は、親の体調や気分が落ち込みがちな時間帯にお願いする

❻ 認知症の問題行動（暴れるなど）は、写真や動画で見せると伝わりやすい

❼ 日常的に転倒したりケガをする場合は、ケガの状況を記録しておく

❽ 親（本人）に心がまえとして、「訪問調査員には守秘義務があるので、恥ずかしいと思う困りごとでもためらわずに話す」よう伝えておく

06 介護度を 正しく判定してもらうために 「かかりつけ医」を持とう

かかりつけ医は身近な相談相手

　日本医師会では、**かかりつけ医（主治医）**を「健康に関することを何でも相談でき、必要な時は専門の医療機関を紹介してくれる身近にいて頼りになる医師のこと」と定義しています。体調が悪い時に診てもらえる近くの診療所や病院の医師のことです。

かかりつけ医の役割

　かかりつけ医は、定期的な健康診断や慢性疾患の診察を行い、心身の状態に応じた指導やアドバイスを行います。医師によっては、在宅医療が必要になった方に訪問診療をしてくれる場合もあります。このように、地域の医療と介護職が連携しながら、住み慣れた自宅での生活をサポートしてくれます。また、かかりつけ医は認知症の早期診断と進行を遅らせる支援のため、専門職と共に適切な医療ケアを行います。

介護が必要になったら「主治医意見書」

　65歳以上で介護保険の被保険者は、介護が必要になったら市区町村へ要介護認定の申請をします。その際、必ず必要になるのが**「主治医意見書」**です。主治医意見書は、原則としてかかりつけ医が作成します。市区町村の介護認定審査会では、主治医意見書をもとに、被保険者に必要な介護が受けられるよう判定します。書式は市区町村からもらうことができ、記述後の意見書は医療機関から直接市区町村に送られます。

主治医意見書はどのように利用されるのか

　主治医意見書は、介護認定審査会では以下のように用いられます。

　❶ 第2号被保険者（40〜65歳未満）の場合は、生活機能低下の直接の原因となる疾病が介護認定の要件となる**「特定疾病（政令で定められた16疾病）」**に該当するか、その診断根拠の確認に用います。

　❷ 介護の手間の程度や状況について記述、また医学的観点や意見について**「具体的な状況」**をあげてあるものは審査判定に加味します。

　❸ 状態の維持・改善可能性についての評価など。主治医意見書の記述から、心身の状態の不安定、また認知症により、**予防給付（介護予防）の理解が困難と思われるケースは要介護（介護給付）へ、そうでない場合は要支援（予防給付）**と判定する根拠になります。

　❹ 調査員による訪問調査は、通常1回のみ行うこととされており、調査員の専門分野も医療にかぎらずさまざまであるため、長期間にわたって医学的に経過観察を行っている主治医の意見の方が、より正確に心身の状態を把握していることが明らかな場合、調査員の調査結果を修正して1次判定からやり直すケースがあります。

　❺ 判定結果により、介護サービスを利用することになった際は、申請者などの同意を得たうえで、医学的観点からの意見や留意点についての情報をサービス提供事業者に提供します。サービスにあたり必要な留意点などが具体的に記述してあれば、サービス提供事業者は、それを加味したサービスができるよう介護サービス計画などを作成します。

介護認定審査会で判定がひっくり返ることも

　介護認定審査会では、保険・医療・福祉に関する学識経験者が話し合って要介護認定の審査を行います。一次判定の結果（訪問調査）と主治医意見書をもとに、対象者の要介護度を公平に審査していきます。

　その際、コンピューターでは「要介護1」と出ていた判定が、かかりつけ医による主治医意見書の記述によってひっくり返り、繰り上げられることがあります。これは**「対象者の固有の介護の手間」**の情報を、かかりつけ医が提供してくれたことにより、判定よりも介護の手間がかかるとメンバーの過半数が判断したケースです。ですから、ふだんから自分の心身の状態をよく把握してくれる存在を持つことは大切です。

　主治医意見書には、生活機能低下が起きている要因が具体的に記載してあります。たとえば、**「認知機能の低下が認められ、予防のために週2〜3回程度デイサービス利用が望ましい」「ふらつきがあり転倒に注意、見守りが必要である」**などです。その他、**「火の不始末、暴行、異食行動」**などの認知症の周辺症状の情報提供を行います。

　　＜介護認定審査会がチェックするその他のポイント＞
　❶ 日常生活活動の低下はないか
　❷ 外出や社会参加の機会の減少はないか
　❸ 家庭内での役割の喪失　　など

かかりつけ医を探そう

　かかりつけ医がいない方は、地区医師会のウェブサイトに**「地域のかかりつけ医療機関」「各科別の医療機関」**などの情報が載っており、かかりつけ医を探すことができます。また、地域包括支援センターでも、最寄りの医師を紹介してくれます。

07 介護度のミスマッチが起きても再審査を申請できる

介護認定の不服申し立て

決定した要介護度が予想よりも低く、「必要な介護サービスが受けられていない」と感じたときは、**不服申し立て**を行うことが可能です。不服申し立てとは、**市区町村が行った要介護認定等の決定に対し、介護保険審査会へ審査請求を行う**ことです。

介護認定の判定結果は、市区町村の介護保険課に判定理由を聞くことができます。不服申し立てをする際は、訪問調査員へ正しく心身状態を伝えられたか、主治医意見書に対象者の介護の手間を記載してもらえたかなど、**「なぜ必要な要介護度が認定されなかったのか」**を振り返る必要があります。そのうえで不服申し立てを行う際は、担当ケアマネジャーに相談しましょう。

急ぐなら「区分変更申請」

しかし、不服申し立ての審査結果が出るまでには数か月を要するため、筆者としては**「要介護度の区分変更申請」**をおすすめします。区分変更であれば、30日以内に結果が通知されます。しかし**「介護度が高くなる」と想定して行った区分変更でも、審査会の判定で現段階より低くなる可能性があるので注意**してください。

また、すでに介護認定を受けている方で、心身の状態が認定時より著しく低下（変化）した場合も、有効期限の更新を待たずに区分変更申請をすることができます。新規申請と同じように、主治医意見書や訪問調

査員による調査が行われますので、担当のケアマネジャーや主治医に事前に相談しましょう。

審査請求（不服申し立て）と区分変更の違い

	不服申し立て	区分変更申請
申請窓口	都道府県に設置された「介護保険審査会」	市区町村の介護保険課、地域包括支援センターなど
申請できる方	本人または委任状を作成することにより、代理人の審査請求が可能	本人または家族、契約する居宅介護支援事業者（ケアマネジャー）など
審査請求できる期間	原則として、通知があったことを知った日の翌日から起算して3か月以内	次の更新を待たずに申請可能
認定期間	数か月程度	おおよそ30日程度
申請の理由	❶現在の介護度への不服 ※サービスの不足、要介護認定に納得ができない時など（まずは市区町村の介護保険課に相談ください）	❶病状、状態の悪化 ❷転倒、骨折等による状態の悪化 ❸認知症状進行により日常生活が困難など、心身の状態が変わったとき

出典：東京都介護保険審査会資料

08 介護サービスを使わないと要介護度を下げられてしまう?

介護サービスを希望していない場合

　介護事業所などが提供するサービスの利用をいますぐは希望していないものの、今後必要になりそうだからという理由で、要介護（支援）認定や基本チェックリストを実施する人がいます。そのようなケースでは、最初の認定期間が終了し、次の「更新」のときに「非該当」になることがあります。**明らかに介護サービスの対象外であると判断されるケースとしては、介護事業者のサービスを希望していない（認定期間中に利用実績がない）、また現在は要介護（支援）認定が必要な要件に該当しない場合などです。**

使いたいサービスがあることが前提

　要介護（支援）申請するときは、「使いたい介護サービスがある」ことが前提です。単に体操する場所を探していたり、介護予防に関するコミュニティに参加したい場合は、**総合事業（一般介護予防事業）**を利用することができます。65歳以上の方なら誰でも使うことができるので、もし足腰が弱ってきたと感じたら積極的に活用してみることをおすすめします。ただし、通所型サービスによる食事や入浴・訪問型サービスによる家事支援や身体介助が必要になったときは、要介護（支援）申請をしましょう。

「家族が手間をかけすぎている」と判定されたケース

　介護認定審査会では、ときどきこんなケースに遭遇します。ご主人の介護を奥様がしている場合に多いのですが、**ご主人が明らかに自分でできることでも奥様がやってあげてしまうケース**です。

　ある男性は、コンピューターによる一次判定では「要介護3」でした。しかし、介護認定審査会のメンバーと主治医意見書や訪問調査員の記述を見ていくと、それほど介護度が高くないことがわかりました。そのご家庭では、奥様が甲斐甲斐しくご主人のシャツのボタンからズボンの上げ下ろしまで行っていることが、コンピューターに「介護の手間がかかっている」と判定されてしまったのです。

　笑い話のようですが、**こういった場合は「より適正な介護度にするために」、一次判定で出た要介護度を二次判定で下げることがあります。**ご本人のためにも自分でできることは手を放し、見守ることが必要です。

「非該当」でも、介護サービスの利用実績がある場合

　介護認定審査会では、コンピューターによる一次判定で「非該当」が出た方でも、専門家で構成された二次判定で総合的に検討した結果、要介護（支援）判定となる場合があります。一次判定では、介護にかかる必要な時間が短かったとしても、**「対象者が介護サービスを継続利用していたことにより、心身状態が維持されているのではないか」**ということが議論されます。

　もちろん、ご年齢や、何らかの疾病を持っているなどを総合的に判定するため、すべての方が同じ結果になるとはかぎりません。しかし、介護保険には「介護予防」という考え方があるため、介護サービスを中断することにより心身状態が維持できなくなると判断されれば、要介護（支援）認定がおりる可能性があります。

09 2021年度の「介護保険制度改正」で私たちの生活はどう変わる?

一部負担が増える見込み

　厚生労働省が発表した**2021年度介護保険制度改正**では、私たちの自己負担が一部増えることになりました。見直されたのは2種類（次ページ表の❷❻）で、他は先送りとなります。まず❷の「補足給付に関する給付のあり方」について説明します（2021年8月から改定）。

＜自己負担増大①＞

➡特別養護老人ホームの「食費・居住費助成」を所得段階で変更

　101ページの「現行」（2021年2月現在）のように、食費・居住費には所得により助成（補足給付）があり、その所得段階は4段階にわかれていました。しかし、改正後は現行の「第3段階：世帯全員が住民税非課税世帯で本人年金収入等80万円超」に、**「第3段階❷：世帯全員が住民税非課税かつ本人年金収入等120万円超」**という新たな区分が追加されました。ここに当てはまる人は、特別養護老人ホームの多床室の場合だと2.2万円程度の支出増となります。皆さんの親が負担増になるのか、市区町村に確認してみましょう。

＜自己負担増大②＞

➡ショートステイ（特別養護老人ホーム多床室）の「食費・居住費助成」を所得段階で変更する見込み

　第3段階❷になる人は介護保険施設と同額の補足給付となり、1日の

介護保険制度改正の内容

❶ 被保険者・受給者の範囲	現行は40歳以上が第2号被保険者だが、それを40歳未満に拡大し介護の普遍化を図る、また第1号被保険者の年齢引き上げについて議論 ➡先送り
❷ 補足給付に関する給付のあり方	※101ページ参照
❸ 多床室の室料負担	在宅介護サービスを受けている人は家賃等の居住費は当然負担しているため、公平性の視点から介護保険施設の多床室の室料負担について議論 ➡先送り
❹ ケアマネジメントに関する給付のあり方	ケアマネジャーの業務がケアプラン作成だけでなく、医療連携やインフォーマルサービスとの橋渡し等多様化し、より重要性を増しているため、ケアマネジメントに利用者の自己負担を導入するかの議論 ➡先送り
❺ 軽度者への生活援助サービス等に関する給付のあり方	要介護度が軽い人へのサービスを、生活援助（家事支援）サービスや介護サービス等を地域支援事業（市区町村の事業）に移行させ、国が制度を担保する介護保険サービスではなくすることを議論 ➡先送り
❻ 高額介護サービス費	※48ページ参照
❼「現役並み所得」、「一定以上所得」の判断基準	原則として、「現役並み所得」のある人を3割の自己負担額、「一定以上所得」のある人を2割の自己負担額にすることなどを議論 ➡先送り
❽ 現金給付	自ら介護し、介護保険サービス利用しない方を対象に議論されたが、介護離職を増加させるなどの懸念あり ➡先送り

※2021年8月から改定
出典：厚生労働省「介護保険制度改正（2021年度）」

負担増加想定額は650円です。また第3段階❶は350円、第2段階は210円程度の負担増対象となります。これは食費が給付対象外のデイサービスとの公平性からの改定です。こちらも市区町村にご確認ください。

保険料の段階に新たな区分が追加

補足給付（食費・居住費助成）段階 （現行）	
第1段階	生活保護受給者、世帯全員が市町村民税非課税の老齢福祉年金受給者
第2段階	世帯全員が市町村民税非課税かつ本人年金収入などが80万円以下
第3段階	世帯全員が市町村民税非課税かつ本人年金収入などが80万円超
第4段階	世帯に市町村民税課税者がいる、本人が市町村民税課税

（見直し後）	
第1段階	生活保護受給者、世帯全員が市町村民税非課税の老齢福祉年金受給者
第2段階	世帯全員が市町村民税非課税かつ本人年金収入などが80万円以下
第3段階❶	世帯全員が市町村民税非課税かつ本人年金収入などが80万円超120万円以下
第3段階❷ 2.2万円支出増	世帯全員が市町村民税非課税かつ本人年金収入などが120万円超
第4段階	世帯に市町村民税課税者がいる、または本人が市町村民税課税者

※2021年8月から改定
出典：厚生労働省

ショートステイの「食費・居住費助成」

補足給付段階（現行）		（見直し後）	
第1段階	生活保護受給者、世帯全員が市町村民税非課税の老齢福祉年金受給者	**第1段階**	負担増なし
第2段階	食費助成対象だが、見直し後はデイサービス利用者の食費負担との公平性確保のため、第2-3段階が負担増対象へ	**第2段階**	日額210円程度の食費負担増
第3段階		**第3段階 ❶**	日額350円程度の食費負担増
		第3段階 ❷	日額650円程度の食費負担増
第4段階	そもそも助成対象外	**第4段階**	変更なし

※2021年8月から改定
出典：厚生労働省

＜自己負担増大③＞

➡資産（預貯金）で細分化、「食費・居住費助成」の基準を変更

　いままで助成対象が単身者の資産基準で1000万円以下だったのが、650万円以下に変更。さらに段階の細分化により、第2段階は650万円以下、第3段階❶は550万円以下、第3段階❷は500万円以下になります。上限を超えて預貯金がある場合は、助成対象外となります。

「食費・居住費助成」の基準を資産で細分化

補足給付段階（現行）		（見直し後）	
第1段階	生活保護受給者、世帯全員が市町村民税非課税の老齢福祉年金受給者	**第1段階**	変更なし
		第2段階	預貯金650万円以下
第2段階	預貯金1000万円以下	**第3段階 ❶**	預貯金550万円以下
第3段階		**第3段階 ❷**	預貯金500万円以下
第4段階	そもそも助成対象外	**第4段階**	変更なし

※2021年8月から改定
出典：厚生労働省

10 介護認定審査員だからわかる! 認定審査時のポイントとNG項目

要介護認定の訪問調査とは

　市区町村に**要介護認定**を申請すると、自宅や病院を訪問調査員が訪ねてきて、被保険者の心身の状態について**全部で74項目の調査**を行います。中には答えるのに抵抗を感じ、「できないのは恥ずかしい」と思う項目もあるかもしれませんが、「親がトイレを汚すようになり後で掃除している」「最近迷子になった」など、世話に手間がかかっている具体的な例を率直に伝えるようにしましょう。調査員には**守秘義務**がありますので、安心して質問に答えてください。

項目は5つ、心身の状態を正しく伝えるポイント

　介護認定のための調査内容は、大きく分けて5つです。

❶ 身体機能・起居動作
❷ 生活機能
❸ 認知機能
❹ 精神・行動障害
❺ 社会生活への適応に関する項目　など

　現在受けている介護サービスの利用状況も確認されます。基本的には**「目に見える、確認し得る事実」**だけが根拠になります。そのため、対象者（本人）と介護者の双方から確認することが理想とされています。

訪問調査のポイント（例）

	正しく伝えるための ポイント	ありがちなNGパターン
家族の同席	親のふだんの様子をよく把握していて、親の代わりに様子を伝えられる家族が同席している	家族が親のふだんの様子を知らず、「本人が大丈夫と言っているから問題ない」と思っている家族
本人の心がまえ	「自宅の手すりがない浴槽では立ち上がれなくなった」など、具体的な困りごとを伝える	「足が弱ってきた」など話に具体性がない。または体裁を気にしてできないことを隠す。要介護状態になった自覚がない
介護の手間について	認知症で排泄行為を理解できず、家族が毎回衣服の着脱から拭くところまでケアしていると伝える	認知症によるひどい物忘れで、さまざまな症状があって困っている（話に具体性がない）と伝える
夜間に起きる問題行動などについて	大声を出した時の動画や、暴れてけがをした、部屋が荒らされた時の写真などを準備しておく。日時や様子も都度記録しておく	手間がかかっているが、月に数回のことだからわざわざ伝えなくても良い。また、人前で親が暴れた話をするのは面目が保てないと感じる

要介護認定が重要な理由

　ふだんの様子をしっかり伝えることができず、適切な要介護認定が下りなかった場合、金銭的な負担あるいは介護の負担が増大します。

適切な介護度が認定された場合と（実際より）低く認定された場合の違い

適切な介護度	（実際より）低い介護度
必要な介護サービスが受けられる	必要な介護サービスが受けられない
施設、介護サービスの選択肢が増える	希望する施設の入所要件を満たせない
良い身体状態を維持できる	家族介護の負担が増える、あるいはネグレクトが起きる可能性
自己負担額でおさまる	介護保険外サービスは金銭的負担大

調査員は介護を支える「チーム」と考え、自然体で臨もう

　適切な介護度判定のポイントをクリアできるかどうか、不安に感じる方もいらっしゃるかもしれません。しかし、要介護認定をあまり難しく考える必要はありません。訪問調査員も、長年の現場経験を積んだプロです。ふだんの様子を把握するために必要な項目は、しっかりヒアリングしてくれます。それに対して、包み隠さず、親のプライドに配慮しながら伝えれば良いのです。

　ここからが長い介護生活のスタートだと考えれば、**申請に携わってくれた人も、訪問調査員も、皆が「介護チーム」の一員**です。そして何より、**身体的・金銭的に困ったときに力になってくれるのは市区町村**です。自分たちの強い味方なのだと理解して、肩の力を抜いて自然体で臨みましょう。

認定調査項目の質問内容

1	左腕の麻痺はありますか	25	排尿は自分でしていますか
2	右腕の麻痺はありますか	26	排便は自分でしていますか
3	左足の麻痺はありますか	27	自分で歯磨きをしていますか
4	右足の麻痺はありますか	28	自分で顔を洗っていますか
5	その他の部位に麻痺はありますか	29	自分で髪をとかし整えていますか
6	肩は動きやすいですか	30	自分で上着の着替えをしていますか
7	股関節は動きやすいですか	31	自分でズボンのはき替えをしていますか
8	膝は動きやすいですか	32	1週間にどのくらい外出していますか
9	その他の関節は動きやすいですか	33	何らかの方法で意思を伝えることができますか
10	寝返りができますか	34	日課を把握していますか
11	寝た状態から上半身を起こせますか	35	自分の生年月日や年齢を言えますか
12	上半身を起こして10分間程度座れますか	36	直前のことを思い出せますか
13	両足で10秒立てますか	37	自分の名前を言えますか
14	5メートル程度歩けますか	38	今の季節がわかりますか
15	座った状態から立ち上がれますか	39	今いる場所がわかりますか
16	片方の足で約1秒間立てますか	40	目的もなく動き回ることがありますか
17	自分で体を洗っていますか	41	外出するとひとりでは戻れないことがありますか
18	自分で爪切りをしていますか	42	物を盗られたなど被害的になることがありますか
19	約1メートル先にあるものが見えますか	43	作り話をして周囲に言いふらすことがありますか
20	普通の声が聞こえますか	44	泣いたり、笑ったりして感情が不安定になることがありますか
21	ベッドから車椅子などへ乗り移ることができますか	45	夜間不眠や昼夜の逆転がありますか
22	日常生活上、必要な場所へ移動できますか	46	同じ話を繰り返すことがありますか
23	食べ物を飲み込むことができますか	47	大声を出すことがありますか
24	自分で食事がとれますか		

48	助言や介護に抵抗することがありますか	61	日常の買い物はされますか
49	「家に帰る」などと落ち着きがないことがありますか	62	簡単な調理をされますか
50	ひとりで外に出たがり目が離せないことがありますか	63	点滴
51	いろいろな物を集めたり、無断で持ってくることがありますか	64	中心静脈栄養
		65	透析
52	物を壊したり、衣類を破いたりすることがありますか	66	ストーマ（人工肛門）の処置
53	ひどい物忘れがありますか	67	酸素療法
54	意味もなくひとり言やひとり笑いをすることがありますか	68	レスピレーター（人工呼吸器）
		69	気管切開の処置
55	自分勝手に行動することがありますか	70	疼痛の看護
56	話すことがまとまらず、会話にならないことがありますか	71	経管栄養
57	薬を正しく飲めますか	72	モニター測定（血圧、心拍、酸素飽和度等）
58	預金通帳や小銭の管理をしていますか	73	褥瘡の処置
59	毎日の暮らしのなかで自分で意思決定ができますか	74	カテーテル（コンドームカテーテル、留置カテーテル、ウロストーマ等）
60	ご近所などの集まりに参加されますか		

出典：八尾市ウェブサイト

元気な高齢者は「良い習慣」を持っている

私の営む機能訓練（リハビリ）型デイサービスでは、年齢に関係なく、運動により身体能力が向上がする方とそうでない方がいます。

向上が見られると、「うちのデイサービスに通っているからかな？」と思ってしまいがちですが、実は理由はそれだけではありません。当然、機能訓練自体にも効果があるのですが、機能訓練は「きっかけ」に過ぎず、着実に改善する理由は本人の自宅での努力と実践です。その証拠に、身体機能向上が見られた方へヒアリングをすると「実はね、家で宿題（運動）してるの」と9割以上の方が答えます。いつまでも若々しく元気な高齢者の方は、自分で決めた課題を毎日こなしていたのです。

機能訓練に励む高齢者の方たちの目標はさまざまです。一番多いのは、「最期まで住み慣れた自宅で暮らしたい」という目標。また、ある女性は御年100歳を超えるにもかかわらず、体調の良い時は息子さんに美味しいグラタンを作ってあげるそうです。家族に喜んでもらうことも、その人の大きな「目標」であり「生きがい」であるといえます。

機能訓練（リハビリ）をするたくさんの利用者の方々と接してわかったこと。それは、「良い習慣」や「自分の役割」を持っている方は、いつまでも若々しく、元気だということです。では、利用者の元気の秘訣とも言うべき「良い習慣」とはどんなものでしょうか。どれも無理なく行えること、基本的に「毎日行う」ことがとても重要です。高齢になればなるほど、週1回の運動だけでは維持・向上が難しいと感じます。

＜良い習慣の例＞
・近所を散歩する　・畑仕事をする　・毎日15分間体操をする
・朝一番で神棚のお水を変える　・料理を作る　など

一般的には、習慣になるまでに必要な日数は21日間と言われています。1度決めたことでもつい、「今日は体調が悪いから、忙しいから、天気が悪いからいいや……」、そう言い訳してやめてしまいたくなりますが、いまから将来の自分のためになる習慣を作りましょう。

第4章

介護離職は防げる！
「介護保険サービス」
活用法

01 介護離職した人の6割が職場復帰できない深刻な理由

介護離職した人が職場復帰するのが難しい理由

　右ページのグラフは、総務省が公表した介護離職者数のデータです。**親の介護に追われ、仕事をやめざるを得なかった人は実に年間約10万人**にのぼり、そのうち約8割が女性です。さらに、介護離職時に仕事の継続希望があり、就職活動を行った家族介護者のうち、再就職できていない人は約6割にもなります。

　つまりこれは、一度介護離職に至ってしまうと、半分以上の確率で職場復帰が難しくなることを意味しています。厚生労働省のデータをもとに、パナソニックエイジフリー株式会社が算出した「平均介護期間」は、男性9.79年、女性12.93年です。10年前後の長期間介護に追われることになれば、当然介護者のキャリアにも影響が出てきます。

　ましてやその間、短時間就労ではなく仕事から完全に離れていたならば、現代の急速な社会変革についていけず、その影響ははかり知れないものとなります。築いてきたキャリアが通じなくなることにより、職場復帰が難しくなっていくのです。

正しい知識があれば介護離職は避けられる

　残念ながら、現状の日本の企業において、社員の家族介護への理解が進んでいるとは決していえません。2019年に日本総合福祉アカデミーを運営する株式会社ガネットが40代以上の介護経験者の男女約450名にアンケート調査した、「介護離職に関する意識と実態調査」というレ

ポートがあります。それによると、**約8割が「会社には相談しなかった」**と回答し、**同じく8割が「仕事と介護の両立は難しい」**と答えています。さらにその半数強は、介護保険制度の活用はもちろん、「介護を何から始めてよいかわからなかった」と答えています。

　介護離職から職場復帰するのが難しい大きな理由のひとつに、情報不足があるといえます。これは裏を返せば、**介護保険制度の活用についての知識があり、「自ら介護」するのではなく、「介護サービスを利用」していれば、介護離職をせずにすんだ可能性がある**ということです。

　現代の日本社会では、介護休業（通算93日）はおろか、介護休暇（年5日）の取得についてですら、まだまだ理解が進んでいません。介護保険制度を有効活用するやり方を知っているか否かがとても重要であるといえます。

　一度介護離職をすると社会復帰が難しくなるからこそ、独力で対処するのではなく、ぜひプロの力を借りましょう。**介護の一番の毒は誰にも相談できず自分だけで抱え込むこと、つまり「孤独」**です。

介護・看護により離職した人数

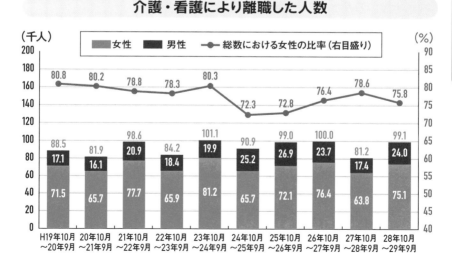

出典：総務省「就業構造基本調査」

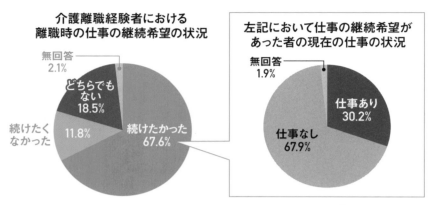

介護離職者の再就職状況

介護離職経験者における
離職時の仕事の継続希望の状況

無回答
2.1%
どちらでも
ない
18.5%
続けたく
なかった
11.8%
続けたかった
67.6%

左記において仕事の継続希望が
あった者の現在の仕事の状況

無回答
1.9%
仕事あり
30.2%
仕事なし
67.9%

出典：総務省「就業構造基本調査」

親の年金と子どもの預金だけで生活が成り立つか

　厚生労働省の「平成30年度 厚生年金保険・国民年金事業の概況」によると、**高齢者の平均の月額年金収入は、厚生年金の方が14万3,761円、国民年金の方が5万5,708円**という結果でした。

　これは何を意味する数字でしょうか。もし介護離職をして収入が途絶えた場合、親の年金額がこの程度だとするならば、皆さんはいままで貯めてきた**「貯蓄を取り崩しながらの生活が始まる」**ということになります。年金の受給額が少なくても、親には預金があるだろうとあてにしていたのに、実際には**「貯蓄はあっても負債もあった」**というのもよくある話です。というのも、日本には負債保有世帯が少なくないからです

　そのため、親にローンが残っていないか、貯蓄額はどうなっているかを事前に確認しておく必要があります。介護離職をした方の多くが「仕事復帰への不安」だけでなく、**「通帳を記帳する恐怖」「資産の目減りが怖い」「生活費の目算が甘かった」**など、お金に関する厳しい現実を口にしています。

02 介護者による虐待は年間1万7000件！介護疲れに陥ったら？

加害者家族の5割が「虐待の自覚がない」と回答

厚生労働省の調査によると、令和元年度の家族や同居人などの介護者による虐待件数は約1万7,000件にのぼります。しかし、これは虐待と正式に認定された数だけで、**暴力は存在したものの、虐待とまではいえないという「グレーゾーン」を含む通報件数は3万4,000件以上**もありました。

また、**虐待を受けている高齢者の約7割は、何らかの認知症の症状がある**とされています。厚生労働省が家族間の虐待被害者・加害者双方に調査を行った結果、**被害者である高齢者の約3割は「虐待をされている自覚がない」、加害者の家族の約5割以上が「虐待を行っている認識がない」**と回答しました。

在宅介護は、高齢者虐待リスクと隣り合わせ

虐待の加害者は息子が約4割、夫が約2割。つまり6割以上が男性介護者によるものという統計が出ています。なお息子の場合は、未婚の息子において虐待リスクが高くなることもわかっています。

また、大都市で仕事をしながらひとりで介護している場合にも、虐待が生じやすくなると言われています。絶対的な存在であった親がだんだんできることが少なくなる姿に戸惑いを感じ、落胆やいらだちが生じて、虐待という悲劇へ発展するケースが多いようです。

養護者による高齢者虐待の相談・通報件数と虐待判断件数の推移

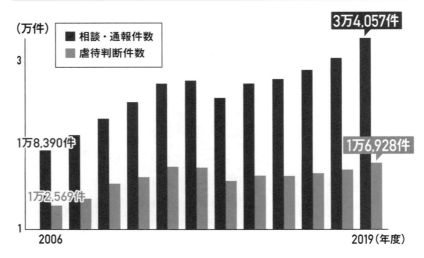

出典：厚生労働省令和元年度「高齢者虐待の防止、高齢者の養護者に対する支援等に関する法律」に基づく対応状況等に関する調査結果

被虐待者からみた虐待者の続柄

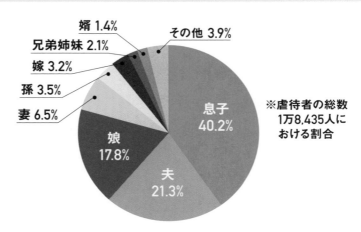

出典：厚生労働省令和元年度「高齢者虐待の防止、高齢者の養護者に対する支援等に関する法律」に基づく対応状況等に関する調査結果

虐待の種類と原因

　2006年4月、**高齢者虐待防止法**が施行されました。高齢者が尊厳を保ちながら安心して暮らせるよう、必要な措置が定められています。

　厚生労働省の「高齢者虐待防止の基本」によれば、養護者による高齢者虐待の種類には、身体的・心理的なものから介護放棄といったものまであります。また、おもな虐待に至る原因としては、以下があります。

＜おもな虐待の原因＞

❶ 介護の知識・情報不足　❷ 認知症に伴う言動に対するストレス

❸ 長期の介護によるストレス　❹ 経済的な問題　など

養護者による高齢者虐待の種類

身体的虐待	高齢者の身体に外傷が生じる、または生じる恐れのある暴力的行為を行うこと（殴る、蹴る、つねるなど）
心理的虐待	言葉や態度によって、脅したり侮辱するなど、精神的苦痛を与えること（排泄の失敗を嘲笑するなど）
性的虐待	高齢者にわいせつな行為をする、または高齢者にわいせつな行為をさせること（キスの強要、下半身を裸にして放置など）
経済的虐待	本人の合意なしに財産や金銭を使用する行為、本人の希望する金銭の使用を理由なく制限する行為（生活費を渡さない、年金や預金を使い込むなど）
介護や世話の放棄・放任	意図的かどうかを問わず、世話をしない、必要な介護サービスの利用を妨げるなどにより、本人の生活環境や身体的・精神的状態を悪化させる行為（入浴しておらず異臭がする、栄養失調、冷暖房を使わせない、服が汚れているなど）

出典：厚生労働省「高齢者虐待防止の基本」

国民は高齢者虐待の通報義務がある

　高齢者虐待防止法では、国民全般に**高齢者虐待に係る通報義務**を課しています。福祉・医療関係者に対しては、早期発見の協力を求めるとともに虐待発見時の相談窓口や通報の目安などに関する研修を行うことと定めています。

　介護施設や養護者（高齢者を養護する家族など）による虐待の通報を受けた場合、市区町村は実態把握のため立入調査を行い、やむを得ない理由がある場合は面会制限などを行います。また虐待は未然に防ぐことが最も重要なため、早期発見のために虐待が確定しているケースだけでなく、**虐待の疑いの段階で通報**することを求めています。自宅や介護施設から怒鳴り声や泣き声が聞こえる、お風呂に入っている様子がないなどの情報があれば、速やかにお住まいの市区町村に通報してください。

　市区町村は高齢者だけでなく、養護者に対する支援として相談・指導・助言を行うとともに、負担軽減のために必要な措置を行います。

　虐待が確認された場合は、高齢者が安心して暮らせる環境を作るよう双方への支援を行います。高齢者虐待は、養護者を加害者として捉えてしまいがちです。しかし、介護疲れや養護者自身がなんらかの支援（経済的・障害・疾病など）を必要としている場合も少なくありません。高齢者虐待防止法では、高齢者虐待を**「家庭全体の課題」**として考え、高齢者・養護者・家族に対する支援を行っています。

自らが虐待加害者にならないために早めの相談を

　介護をひとりで抱え込み、行きづまる前に地域包括支援センターやケアマネジャーに相談しましょう。彼らは守秘義務があるため、金銭的・精神的悩みでも恥ずかしがる必要はありません。状況に合った適切なアドバイスをしてくれるはずです。介護はチームで行うもの。**「あなたはひとりではない」**ことを決して忘れないでください。

03 親が遠方に住んでいても「文明の利器」で安心できる!

親を遠隔で見守りができる環境を作ろう

地方に住む親を持つ場合、親の自宅に電話回線はあっても、インターネット回線がないというケースは少なくありません。その際は必ず**インターネット回線**を引きましょう。月額5,000円程度かかりますが、ぜひ回線に安定性のある光回線を引くことをおすすめします。安定したネット環境があれば、親を見守るカメラ、テレビ電話、エアコンの室温管理、家電製品使用とスマホの連携による安否確認など、遠隔で親の世話ができる可能性が大きく広がります。

離れていても防犯機能を高めよう

訪問販売の被害にあう高齢者が数多くいます。その対策として有効なもののひとつに、比較的都市部の地域ならば、**録画機能つきインターホン**があります。訪問者の顔や会話内容を記録に残すことで、詐欺被害などにあったときの重要な物証となります。

一方で地方では、玄関がいつも開けっ放しだという家も珍しくありません。危ないので施錠するように親に伝えても、長年の習慣ですぐには身につかないかもしれません。そんなときは**スマートロック機能**が有効です。ドアの内側に後づけできたり、引き戸用のものも存在します。ドアの形状によっては工事が必要になるので、ケアマネジャーに相談しながら、信頼できる事業者に相談するとよいでしょう。

「遠くの親戚より、近くの他人」とお伝えしているように、地方では地

域のつながりも重要です。日頃から親の近所づき合いを把握しておき、そうした方々とも連絡を取れるようにしておくことも大切です。親の異変や見知らぬ訪問者の存在などに気づいてもらうためにも、地域の目の存在は心強いものです。

介護保険以外の自費サービスも利用しよう

　介護保険にはない、**介護のプロによる「見守りサービス」「病院や買い物の付き添いなどの外出支援」「家事代行」なども有益なサービス**です。介護保険対象外のため全額自己負担になり、1時間で4,000〜5,000円程度と決して安くはありませんが、月に1、2回くらいであれば検討する価値があります。

　たとえば「見守り」であれば、定期的に様子を見てもらえる安心感があります。「外出」であれば、最初から最後まで通院時にずっとそばにいてもらえたり、親自身がショッピングで心の充実を得られることも期待できます。「家事代行」ならば、介護保険外の庭掃除やふだん使用しない部屋の掃除、あるいは年末の大掃除などもお願いできる場合があります。

　自費サービスは安くはありませんが、ご自身がサポートする際にかかる往復交通費や時間を考えれば、検討する余地のあるサービスです。

04 高齢者の自立度を高める 住宅改修・リフォームの 賢いやり方

住宅リフォーム（住宅改修）

在宅介護を希望し、要介護（要支援）認定を受けたら早めに検討する必要があることのひとつに、**住宅リフォーム**があります。介護保険では**住宅改修**とも呼ばれます。

住宅改修は1回20万円までの範囲なら、介護保険の自己負担額のみで実施可能です。ただし**20万円を超える部分については全額自己負担になりますので注意**しましょう。なお市区町村によっては、20万円を超えても補助を行っているところもありますので、お住まいの市区町村にご確認ください。

事故防止、転倒予防につながる

「高齢者が事故にあう場所のおよそ8割が自宅」という調査結果があります（出典：独立行政法人国民生活センター「医療機関ネットワーク事業からみた家庭内事故」）。しかもそのうちの3割以上が「中等症」となっています。

事故の中でもっとも多いケースは、階段における転落・転倒でした。自宅では他にも、わずかな段差や滑りやすいフローリングなど、高齢者にとっての危険が多く存在します。転倒による骨折がきっかけで、そのまま寝たきりになってしまうことは決して珍しいことではありません。

改修工事前に必ず事前の申請を！

　介護保険を適用して改修工事を始めるときは、事前に申請する必要があります。**事後申請は無効**ですので、工事を考えている人は先にケアマネジャーや地域包括支援センターに相談しましょう。そこで事業者を複数紹介してもらい、相見積もりをとってから市区町村に申請することをおすすめします。

　なお**両親ともに要介護認定が出ている場合、2人合計で40万円を上限として、住宅改修の介護保険適用を使うことができます**。ただし、工事はそれぞれ別にする必要があります。たとえば父の分は床の段差をなくす工事を行い、母の分は風呂場に手すりをつける工事を行う、という使い方です。

介護保険適用の住宅改修

1	手すりの取りつけ	廊下、玄関、トイレ、階段、浴室などへの設置工事
2	段差解消	廊下、トイレ、浴室などへの段差解消工事（例：スロープ設置など）
3	滑りの防止および移動の円滑化などのための床または通路面の材料の変更	階段、浴室、キッチンなど、滑りやすい床材が使われているところを滑りにくい床材に変えるための工事
4	引き戸への扉の取り換え	ドアなどの開き戸を、引き戸に変更する工事
5	洋式便所などへの便器の取り換え	和式便器を洋式便器に抗する工事
6	その他1〜5に付帯する必要な住宅改修工事	たとえば手すりやスロープなどを設置するにあたり、必要となる下地工事など

05 高齢者の生活を支える 「福祉用具」の 貸し出しと販売

生活の動作がしにくくなったら福祉用具を使おう

　ベッドから体を起こすのが困難になったり、歩行が難しくなってきたら、介護用ベッドや車いすなどの**福祉用具**を使いましょう。

　福祉用具は**貸与（レンタル）または販売で利用できます**。ただし、**用具によって介護保険適用のされ方が変わるので注意が必要**です。たとえば介護用ベッドと車いすは、貸与すれば介護保険が適用されるため、1〜3割の自己負担ですみますが、販売だと全額自己負担となります。

　厚生労働省が提示する販売種目の基準は、**「貸与になじまない性質のもの」**です。他人が使用したものを再利用することに心理的抵抗感が伴うもので、具体的にはポータブルトイレや腰かけ便座、入浴用品などをイメージしてもらうと良いでしょう。

　どの用具に介護保険が適用されるのかは、次ページにある**福祉用具貸与13品目の表**をご覧ください。利用の際はケアマネジャーなどにも相談しましょう。

福祉用具の制度について

　介護保険制度における福祉用具とは、要介護者などの日常生活の便宜や機能訓練をはかるための用具のことです。利用者が、住み慣れた自宅でいつまでも自立した日常生活を送る助けになるものとして、保険給付の対象になっています。

　福祉用具貸与と特定福祉用具販売については、福祉用具貸与事業者や

特定福祉用具販売事業者が、利用者ごとに **「個別サービス計画（福祉用具サービス計画）」** を作成することとなっています。

　福祉用具専門相談員（福祉用具貸与・販売事業所） はケアプランに基づき、課題の解決・目標達成するための福祉用具と機種を選定し、利用者の希望に添ったサービスを提供します。サービス開始後も、点検を兼ねて車いすの空気入れや使い方についても説明してくれますので、高齢者の方でも安心して利用することができます。

福祉用具貸与13品目

福祉用具貸与の13品目（原則）

1	車いす	自走用車いす、介助用車いす、電動車いす
2	車いす付属品	クッション、電動補助装置などの車いすと一体となって使用されるもの
3	特殊寝台	介護ベッド
4	特殊寝台付属品	マットレス、サイドレールなど
5	床ずれ防止用具	エアマット、ウオーターマットなど
6	体位変換器	空気パッドなどを体の下に挿入し体位変換を容易にするもの
7	認知症老人徘徊感知機器	徘徊で外に出ようとするときにセンサーが感知し、家族へ通報
8	移動用リフト	つり具部分を除く
9	手すり	取りつけに工事を要しないもの
10	スロープ	取りつけに工事を要しないもの
11	歩行器	移動時に体重を支える構造を有するもの
12	歩行補助杖	松葉杖、多点杖など
13	自動排泄処理装置	交換可能部品は除く

福祉用具を貸与するメリット

　福祉用具貸与のメリットは、**専門家が自宅まで訪問してくれ、豊富な福祉用具の中から現在の介護状態に合ったものを提案、設置、そしてメンテナンスまでしてくれる**ことです。また貸与後も定期的に、福祉用具の点検や利用状況を確認してくれます。急な退院や体調に変化があった場合でも、即日対応してくれるところもあります。

「特定福祉用具」は年間10万円まで保険給付対象

　特定福祉用具とは、福祉用具を購入する場合の正式名称です。**原則として年間10万円を限度に保険給付対象**としています。

　特定福祉用具購入の流れは、まず事前に全額10割を利用者が負担します。その後で、市区町村から自己負担額以外の7〜9割分が払い戻されるしくみ（償還払い）になっています。償還払いについては、介護保険適用事業者を利用した場合のみ対象となります。

　福祉用具はレンタルが基本であることから、特定福祉用具の購入費は基本的に保険給付対象外です。直接肌に触れるもので、他人が使ったものを利用することに抵抗を感じる方のみ、保険給付対象となります。

特定福祉用具の購入（販売）

1	腰かけ便座	移動可能な便器（ポータブルトイレなど）、据置式便座、補高便座（座面を高くする）、立ち上がり補助機能を持つもの
2	自動排泄処理装置	交換可能部分
3	入浴補助用具	入浴用いす、浴槽用手すり、浴槽内いす、入浴台、浴槽内すのこ、浴室内すのこ、入浴用介助ベルト
4	簡易浴槽	マットレス、サイドレールなど
5	移動用リフト	つり具の部分

参考：厚生労働省「福祉用具貸与」をもとに作成

06 医療依存度が高くても自宅で暮らせる！「訪問診療・訪問看護」

訪問診療・往診は24時間体制

　訪問診療とは、ひとりで通院が困難な方のもとに医師が定期的（月2回程度）に診療するサービスです。患者の要請を受けて医師が訪問診療することは、**往診**と呼びます。

　訪問診療により、ほぼ寝たきりで通院が難しい状態でも、在宅や施設での長期療養が可能になります。このサービスは、基本的に通院可能な方は利用できません。歩行困難の方、人工呼吸器などの装着で移動が難しい方、終末期療養を自宅で行っている方などが対象となります。これらの診療は介護保険ではなく、医療保険適用サービスになります。

訪問診療と往診の違い

訪問診療	診療計画に基づき、医師が「定期的」に訪問し診療を行うこと
往診	体の具合が悪くなったり、症状の急変によって医師が「予定外」の診療を行うこと

居宅療養管理指導とは

居宅療養管理指導とは、在宅生活を続けるにあたり、医師や歯科医師、薬剤師、管理栄養士、歯科衛生士などがそれぞれ専門の立場から在宅療養のアドバイスをするサービスです。訪問診療との大きな違いは医療行為の有無にあります。**居宅療養管理指導はあくまでも「指導」であり、「診療」ではありません。**また、医療保険ではなく介護保険適用となります。ただし、自らの意思だけで利用できるサービスではなく、医師や歯科医師などの指示がないと利用できません。

訪問看護とは

訪問看護とは、医師ではなく看護師などから医療的ケアが受けられるサービスです。看護師だけではなく保健師、理学療法士、作業療法士などが、地域の訪問看護ステーションなどから自宅を訪問します。食事・入浴・排泄などの介助のほか、血圧や脈拍などのバイタルチェック、点滴や注射、褥瘡のケア、リハビリ、終末期医療など、トータルで医療的ケアが受けられます。

また療養生活の相談ができたり、服薬管理などもフォローしてくれます。より専門的なケアが必要になった場合は、医師や歯科医師、薬剤師等へ連携をはかってくれます。

訪問看護サービスの利用料（1割負担の場合）

	訪問看護ステーションの利用時間	1回あたりの単位数
要介護 状態の場合	20分未満	313単位
	30分未満	470単位
	30分以上 60分未満	821単位
	60分以上 90分未満	1,125単位
要支援 状態の場合	20分未満	302単位
	30分未満	450単位
	30分以上 60分未満	792単位
	60分以上 90分未満	1,087単位

出典：厚生労働省「令和3年度介護報酬改定　介護報酬の見直し案」

在宅医療の概念図

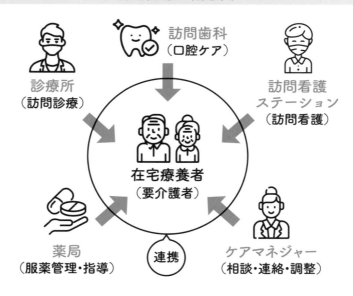

126

07 家事支援と身体介護を行ってくれる「訪問介護サービス」

在宅介護では訪問介護サービスを利用しよう

　住み慣れた自宅で生活を続ける、または親と同居（呼び寄せ介護）をするなど、いわゆる在宅介護を行う場合には**訪問介護サービス**がとても便利です（のちほどお伝えしますが、高齢者専用賃貸住宅や有料老人ホームでも、在宅介護に分類される場合があります）。

　費用の安い特別養護老人ホームに、希望者が誰でもいつでも入れるなら問題はありません。しかし現状は申し込んでから何年も待たされることがほとんどです。つまり皆さんの**親が倒れたら、一定期間は在宅介護を覚悟しなければならない**のです。しかし、在宅介護をひとりで行うのは大変でも、プロの力を借りれば仕事と介護の両立も可能です。ここでは、意外に知られていない訪問介護サービスの使い方のポイントをお伝えします。

訪問介護サービスの使い方とルール

　訪問介護サービスには、大きく分けて**身体介護**（移動介助やおむつ交換、一緒に買い物を行うなど生活動作を助けること）と、**家事支援**（正式名称は「生活援助」、掃除や調理などの代行）の２つがあります。両者の大きな違いは、読んで字のごとく**「介護」か「家事」**かです。一番の違いは**「高齢者の体に直接触れるか、触れないか」**です。

　たとえば「食事を作る」という動作ひとつをとっても、ヘルパーさんにすべてやってもらえば家事支援に、ヘルパーさんに手伝ってもらいな

がら自分も行えば身体介護になります。同じ行為でも、方法によって異なるサービスになるのです。

　また、**身体介護と家事支援のサービスでは、支払う金額が倍近く異なります。**身体介護は1回1時間ならば約4,000円、家事支援は約2,000円です。とはいえ多くの方の自己負担金はその1割ですから、実際の負担は1回につき400円か200円くらいです。しかしこれが週3回、月12回と続けば、その金額差はおよそ2,400円、年間で3万円近くも変わります。毎日短時間の訪問介護が必要になる高齢者世帯の場合は、年間で7万円近く変わってきます。

　さらに今後注意しなければならないのは、**次のいずれかに該当する方は自己負担額が2割以上になる**ことです。いまの80代以上の高齢者の方よりも、これから介護状態になることが予想される団塊世代の方が、2割以上負担する対象者は多くなるでしょう。

　　＜2割負担の対象者＞

　ご本人の合計の所得金額が160万〜220万円で、下記いずれかに該当する方は2割負担となります。

　　・単身者の場合は、年金収入とその他の合計所得金額が280万円以上
　　　（340万円以上の場合は3割負担となります。次ページの図参照）
　　・2人以上の世帯の場合は、年金収入とその他の合計所得金額が346
　　　万円以上

　さらに政府は2021年2月、75歳以上の後期高齢者の医療費自己負担を1割から2割に引き上げるため、医療制度改革関連法案を閣議決定しました。そのため、2022年10月から一定以上の所得のある方は医療費の窓口負担割合が2割になります（現役並み所得者は3割）。

　自己負担額2割の対象となる高齢者は約370万人で、全体の高齢者の約1割にすぎませんが、この割合は今後間違いなく増えていきます。

利用者負担の判定の流れ

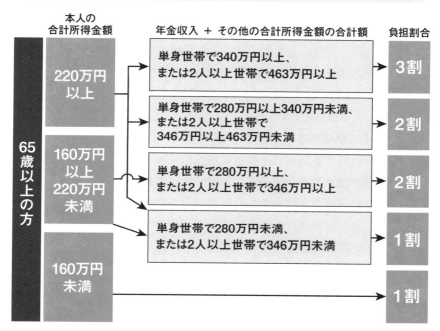

本人の
合計所得金額　　　年金収入 ＋ その他の合計所得金額の合計額　　負担割合

65歳以上の方	220万円以上	単身世帯で340万円以上、または2人以上世帯で463万円以上 → 3割
		単身世帯で280万円以上340万円未満、または2人以上世帯で346万円以上463万円未満 → 2割
	160万円以上220万円未満	単身世帯で280万円以上、または2人以上世帯で346万円以上 → 2割
		単身世帯で280万円未満、または2人以上世帯で346万円未満 → 1割
	160万円未満	→ 1割

※第2号被保険者（40歳以上65歳未満の方）、市区町村民税非課税の方、
生活保護受給者の方は、上記にかかわらず1割負担

軽度のうちは家事支援を中心に

　訪問介護については、介護度が軽度のうちは身体介護を使わず、家事支援を中心に介護サービスを利用する方が金銭的に安くすみます。

　介護保険サービスでは、**「サービスの支給限度額」**といって利用上限があります。ですから、支給単価額の低い家事支援を利用することで、デイサービスや介護用品レンタルなど、他のサービスを利用できる可能性も広がります。

　ただ、**家事支援にはできることとできないことがあります。**たとえばヘルパーに食事を作ってもらったり、洗濯をしてもらうことはできますが、

これはあくまで本人の分が対象であり、家族の分は対象になりません。つまり親と息子の2人暮らしの家でヘルパーさんがカレーを作る場合、原則は親の分であるひとり分しか作ることができないのです。

　部屋の掃除も、親がよく使う部屋掃除はできても、家族の部屋まではできません。年末の大掃除や庭の草むしりなどもできません。このようにあくまでも、**「ご本人のためだけの生活フォロー」**が家事支援だと考えてください。

　「家事支援は家政婦さんが行う家事代行サービスとは異なる」ことを知らずに、家族がヘルパーさんに無理難題を言ってしまいトラブルになるケースがあります。ヘルパーさんとの関係がこじれると、家事支援利用を断られるケースもありますので、ルールを守った上で介護サービスを使いましょう。

　また体の状況に応じて、家事支援と身体介護を組み合わせた訪問介護サービスも利用できます。そうしたニーズも、地域包括支援センターやケアマネジャーに積極的に相談しましょう。

08 「通いのサービス」は介護度に関係なく使える便利な制度

在宅介護を続けるには「訪問介護」の活用が必須

127ページでお伝えした訪問介護の場合、身体介護と家事支援の2つを組み合わせて利用することも可能です。その間、家族は仕事に行ったり家のことができます。また、介護サービスを利用することで自身の心身の負担軽減にもつながります。たとえば、体の大きな父親を小柄な妻や娘が長期的に介護（入浴介助、車いす移乗など）すると、腰をはじめ体を痛めてしまう危険があります。

在宅で介護する場合、介護者である皆さんにとっても適度な休息やレスパイトケア（息抜き）が必要です。体はもちろん、メンタルを追い込まれないためにも、上手に訪問介護を利用しましょう。

日帰りで利用する「通所介護（デイサービス）」

デイサービスは通所介護とも呼ばれます。自宅まで送迎車が送り迎えし、福祉施設で食事、入浴、機能回復訓練、レクリエーションなどのサービスを受けることができます。朝から夕方頃まで滞在し、上記のすべてを提供する施設もあれば、機能回復訓練に特化した半日型の施設もあります。1日預けるという「時間確保」を目的とするならば前者、運動機能を高める「身体機能回復」を目的とするならば後者というように、目的に応じて選択すると良いでしょう。

また、認知症対応型のデイサービスもあります。認知症の方を専門に受け入れているため、認知症が重度で通常のデイサービス利用を断られ

てしまった方でも対応してもらえることがあります。ご本人の状況に
よって、デイサービス選びの選択肢のひとつにすると良いでしょう。

通所リハビリテーション(デイケア)

　通所リハビリテーション (デイケア) は、医療的ケアが必要な方に向け
たリハビリ重視のサービスです。自宅まで送迎車が送り迎えしてくれ、
介護老人保健施設などで日常生活復帰に向けた身体機能回復・認知機能
改善・口腔機能向上などのリハビリを日帰りで行ってくれます。医師の
指示のもとでリハビリを行うため、骨折や関節痛、脳血管疾患などで、
理学療法士など専門家のもとで本格的な身体機能訓練を受けたい方に向
いています。

　なお、**一般的なデイサービスとデイケアの違いは、リハビリ重視かどう
かのほかに (リハビリに特化したデイサービスも一部あります)、支払う自
己負担金額が異なります。**デイケアの方が1回あたり数百円高い程度で、
1回では大きな金額差ではありませんが、年間にすると数万円単位の差
となります。骨折などで退院した際はデイケアへ、その後回復してくれ
ばデイサービスへ行く方もいますし、両方を併用することもできます。
親の体調や様子を見ながら、ケアマネジャーと相談して決めていくと良
いでしょう。

一時入所できるショートステイ(お泊まり)

　親を数日間預けられる泊まりのサービスが、**ショートステイ (短期入
所生活介護)** です。介護老人保健施設などで、食事・入浴などの介護
サービスと機能訓練維持・向上訓練が受けられます。

　短期入所療養介護 (医療型ショートステイ) は、デイサービスとデイケ
アの違いのように、比較的医療的ケアが必要な人が対象で、ショートス
テイより少し高い金額です。

　数日間のお泊まりサービスは、家族にとっては介護の休息になるほか、

家族自身が入院したときや冠婚葬祭や出張で数日家を空けるときに助かります。また、入所予定施設でショートステイができれば、高齢者にとっては早くから雰囲気を体験して慣れることもできます。

施設入所が困難なときは「お泊まり付きデイサービス」

　現在は施設入所を希望しても、なかなか施設に空きがないことが多いです。そこで最近増えてきたのが、デイサービスにお泊まり機能を加えた、介護保険外サービスである**お泊まり付きデイサービス**です。

　皆さんが夜の時間帯に親を預けたい場合、日中からそのデイサービスを利用する必要があります。もしいつも通っているデイサービスにお泊まり機能がなければ、ケアマネジャーにお泊まり機能のある別のデイサービスをプランに入れてもらう必要があります。その際、ご本人にとって慣れない場所で一夜を明かすことにならないよう、できるかぎり事前の見学や日中利用などをしてもらい、ご本人の気持ちにも配慮しましょう。

　お泊まりの費用は全額自己負担となります。施設によって金額設定はまちまちですが、**おおむね1泊2食で数千〜5,000円くらいが相場**のようです。介護保険外サービスにしては安価な利用料ですが、介護保険外サービスであるため役所のチェックが行き届かず、良質とは言いがたい事業者の存在が発覚して問題視されたこともあります。ケアマネジャーとも相談しながら、よく見極めたうえでの利用をおすすめします。

09 訪問・通い・泊まりを組み合わせられる「小規模多機能型居宅介護」

小規模多機能型居宅介護とは

　正式には**小規模多機能型居宅介護**ですが、**小規模多機能ホーム**とも言います。在宅介護の生活を送りながら、「通い」「泊まり」「訪問」それぞれの介護を、同じ事業所から一体的に受けることができます。介護事業所との契約が1か所ですむだけでなく、顔なじみの介護職員がサービスを総合的に提供してくれるため、安心感にもつながります。

定員18人でアットホーム

　名前の通り、利用者の数も小規模です。**1事業所あたりの登録定員は29人以内で、「通い」が1日あたり18人以内、「泊まり」が1日あたり9人以内**と、利用できる定員数に上限が設けられています。アットホームな雰囲気の中でサービスが提供され、基本的には必要に応じて**「通い」「泊まり」「訪問」**の3つのサービスを選ぶことができます。

訪問介護、デイサービス、泊まりの組み合わせ

　小規模多機能型居宅介護サービスは**毎月定額**です。介護保険では介護度別に介護サービスのための保険支給限度額が決まっていますが、何度サービスを利用しても定額なので、限度額を超える心配はありません。
　一方、**このサービスの利用者は、他のデイサービスやショートステイ、訪問介護サービスを受けることができません。**このサービスを使うまで別のサービスを利用していた場合は、ケアマネジャーも変更になります。

小規模多機能型居宅介護で利用できる3つのサービス

通い	デイサービス。定員に達していれば利用不可
泊まり	ショートステイ。空きがあれば突発的な利用も可能
訪問	訪問介護。必要に応じて介護だけでなく、安否確認や見守りも行う

「看護小規模多機能型居宅介護」とは？

　看護小規模多機能型居宅介護とは、小規模多機能ホームに訪問看護が加わったサービスです。国が入院患者を早期に退院させ、在宅でケアできるよう推し進めているものの、まだまだ利用者数は多くありません。定員数は小規模多機能ホームと同じ少人数で、高齢者はなじみのヘルパーや看護師からサービスを受けることができます。

ターミナル期の在宅生活を支える役割も

　看護小規模多機能居宅介護は、退院後の在宅での生活が円滑にできるような助けとなることが期待されています。医療的ケアが必要なターミナル期（末期がん患者など）や、病状の安定しない患者などが、在宅生活できるようサポートします。今後は国の方針に基づき、病院から早期の退院を迫られるケースが増えていくと予想されますので、これからますますニーズが増えていくでしょう。医療的依存度が高い高齢者を抱えるご家庭では有効な選択肢のひとつです。

　ただし、要支援の高齢者は利用できません。**利用には要介護1以上の認定を受けている必要があります。**次ページの表は、介護度別の毎月の自己負担金額（1割負担の場合）の概算です（地域によって異なります）。

（看護）小規模多機能型居宅介護の利用料

介護度	介護	看護
	自己負担額	
要介護5	27,117円	31,386円
要介護4	24,593円	27,747円
要介護3	22,283円	24,464円
要介護2	15,318円	17,403円
要介護1	10,423円	12,438円
要支援2	6,948円	―
要支援1	3,438円	―

※1割負担の方の表記。報酬単価（令和3年3月現在）×10円で、円で概算しているため、
地域によって金額は異なります

看護小規模多機能型居宅介護とは

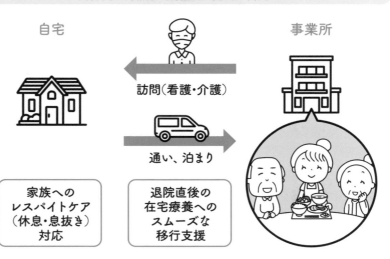

出典：健康長寿ネット

136

10 「定期巡回・随時対応型訪問介護看護」サービスは安心の24時間対応！

「定期巡回・随時対応型訪問介護看護」は在宅介護の味方

　定期巡回・随時対応型訪問介護看護は、日中・夜間を通じて、定期巡回・緊急時など必要に応じて随時訪問をしてくれる**「訪問介護・看護に特化した定額サービス」**です。療養上のお世話が必要になっても、住み慣れた自宅にずっと暮らし続けたい人にとっては嬉しいサービスです。**利用対象は要介護1以上の認定を受けた人のみで、**要支援の人は利用できません。

　定期巡回サービスのおもな内容は、食事介助、水分補給、体位交換、おむつ交換や排泄の介助などです。ケアプランで毎週のサービス時間は決まっているものの、**「この時間にちょっとだけピンポイントでお願いしたい」**というようなニーズに応えやすいです。

　また、**1日の滞在時間や月の利用回数に決まりはありません。**滞在時間は1日で数分のときもあれば数時間のときもあり、非常に幅が広いサービスであることが、通常の訪問介護と異なる点です。利用者は、1日に何度でも利用できます。

24時間対応の一体的サービス

　24時間365日の訪問介護だけでなく、訪問看護機能が使えるこのサービスは、医療的ケアが必要な高齢者、退院直後の高齢者などに有効なサービスだといえます。このサービスは医療的な機能がある分、自宅で最期を迎えたいという思いのある高齢者と、自宅で最期を迎えさせてあ

げたいという思いのある家族にとっては、心強い選択肢のひとつです。
なお訪問看護機能については、**訪問する看護師が常駐しているかどうか
によって自己負担額が変わるため注意**しましょう。

一体型事業所（訪問看護機能を持つ介護事業所）

	訪問看護を使わない場合	訪問看護を使う場合
要介護5	25,829円	29,601円
要介護4	21,357円	24,434円
要介護3	16,883円	19,821円
要介護2	10,168円	12,985円
要介護1	5,697円	8,312円

※1割負担の方の表記。報酬単価（令和3年4月現在）×10円で円で概算しているため、地域によって金額は異なります

連携型事業所（訪問看護機能を持たない介護事業所）

	訪問看護を使わない場合	訪問看護を使う場合
要介護5	25,829円	29,583円
要介護4	21,357円	24,311円
要介護3	16,883円	19,837円
要介護2	10,168円	13,122円
要介護1	5,697円	8,651円

コール端末は無料設置

高齢者宅に**「ボタンひとつでヘルパーを呼べるコール端末」**が設置され、オペレーターが24時間体制で対応してくれます。ヘルパーや看護師への訪問依頼や電話相談なども受けてくれます。利用者からの通報に対して、オペレーターが問題への対処法をアドバイスしてくれたり、必要に応じてヘルパーや看護師を自宅に派遣してくれたり、救急搬送の必要がある場合は119番対応もしてくれます。

コール端末の貸し出しは**基本的に費用負担はなく、すでに自宅に電話回線が引かれていれば回線の工事料も必要ありません。**

しかし使い勝手の良い定期巡回・随時対応型訪問介護看護サービスは、利用する際に注意が必要です。また料金において、**もし1か月の利用回数が少なければ、その都度料金が発生する訪問介護サービスよりも割高になる可能性もあります。**利用前にケアマネジャーや事業者としっかり話し合いを持っておくことが大切です。

夜間対応型訪問介護とは

同じようなサービスとして、**夜間対応型訪問介護**というサービスがあります。その名の通り、夜の時間帯に限ったサービスです。ただし定期巡回・随時対応型訪問介護看護と異なり定額制ではなく、**その都度費用が発生**します。

一方、連携型事業所で訪問看護を利用する場合、こうしたその機能を有さない介護事業所においては、外部の訪問看護事業所と「連携」したサービス提供となります。それぞれ要介護度に応じて、要介護1～4で2,954円、要介護5で3,754円が自己負担金額にプラスされます。

11 介護離職を防ぐには「老人ホーム」がもっとも確実な選択肢

家族(本人)が安心して住める施設はどんな施設なのか

　ひと口に高齢者向けの施設といっても、さまざまな種類があります。介護保険施設と言われる特別養護老人ホームや介護老人保健施設、最近では介護療養型医療施設から転換した介護医療院、民間企業が運営する有料老人ホームやサービスつき高齢者住宅、認知症の方を対象としたグループホーム、このほかにも軽費老人ホームなど……。一般の方にとってはそれぞれの違いや費用、受け入れ要件がわかりにくく、施設選びには高いハードルがあります。

100人いれば100通りの選び方

　高齢者施設(老人ホーム)は、**100人いれば100通りの選び方**があります。ご本人やご家族が安心して暮らせる老人ホームを選ぶためには、**どの条件を優先するかを明確にする**ことが重要です。予算重視の方もいれば、場所や部屋の広さ、施設が提供するサービス内容、医療連携のあり方など、人それぞれで重要視するポイントが違います。

　まずはご本人やご家族がある程度の希望を叶えられる老人ホームを選択すること、そして当然ご本人にとって見守りや声がけや体の不自由な点をフォローしてくれる体制など、納得できる介護サービスが整っていることが大切です。

どんなときに施設を選択したらよいかの判断基準とは？

　施設を選ぶときの判断基準は、**「在宅介護の限界と、家族の笑顔を取り戻すこと」**ではないでしょうか。高齢者にとって老人ホームに住み替えるという行為は、人生の最後に長年自分が住み慣れた家と場所と家族から離れ、ひとりで暮らすことを意味します。手放しで喜んで老人ホームに入所する人は、まず少ないでしょう。結婚し、家を建てて子どもを育てた思い出がたくさん詰まった愛着のある家に、体が不自由になっても最後まで住み続けたいと思うのは当然のことだと思います。

　在宅介護が継続してできるのであれば、さまざまな社会資源を最大限利用しながらご家族で力を合わせて、在宅介護されることをおすすめします。しかしながら**在宅介護を続ける中で、限界が来たときや限界を迎えようとしたときが、介護施設入所のタイミング**であるといえます。

家の中から笑顔が消えた瞬間

　在宅介護を頑張っているほとんどの方は、この限界点の見極めができないのが実状です。特に**男性介護者と女性介護者を比較した場合、男性介護者には限界点を超えても、無理に頑張り続けてしまう方が非常に多い**です。これは、「介護」という取り組みを自身の「仕事」という認識に置き換え、24時間自分自身に介護のスケジュールを組んで、ひたすら真面目に取り組んでしまうためだと考えられます。

　では、その在宅介護における限界点の見極めはどうすればいいのでしょうか。**わかりやすいのは、介護者であるご家族から笑顔がなくなり、介護を受ける高齢者に対して、きつい言葉を使い始めた瞬間**です。たとえば高齢者が食事中に食べ物をこぼすなどの行為をしたときに、家族であるがゆえに厳しい言葉で叱責してしまう、といったケースです。

　これが常習化すると、やがて言葉による暴力になり、その結果、家族による虐待というケースに発展するおそれがあります。

老人ホームなどの**介護施設入所を選択することで、ご家族はもちろん、結果的にご本人の笑顔を取り戻す。**このように考えることで、介護施設への入所を積極的に検討してみてはいかがでしょうか。

お金の賢い使い方(老人ホームを選択するということ)

　前述したように、家族やご本人の笑顔を取り戻すために介護施設への入所を検討することは、決して介護に対して後ろ向きなのではなく、**より良い介護生活を続けるための前向きな選択**と考える必要があります。現実的な表現をすると、お金の力を使うことで、心に余裕がなくなっている部分や家族関係を改善し、もう一度皆さんが笑顔を取り戻すことにほかなりません。

　老人ホームなどの介護施設の費用は、生活保護の方が入ることができるリーズナブルなところから、入所時費用が6億円を超える首都圏の超高級なところまであり、多種多様なニーズにマッチしています。**決してすべての高齢者施設入所に高いお金が必要なのではありません。**ご本人やご家族にとって、安心して生活できる施設を選択することが、賢いお金の使い方といえるのではないでしょうか。

老人ホームでの暮らし

　ところで、老人ホームではどんな生活が待っているのでしょうか?入所するにあたり、ご家族だけでなくご本人が1番不安に感じていることでしょう。基本的には、介護職員さんなどが料理や洗濯などの日常的な生活の動作を代わりに行ってくれ、身体の状況に合わせて自立した暮らしをサポートしてくれます。

　1日の流れとしては、バイタル(健康)チェックや食事以外に、体操の時間やおやつの時間などがあり、できる方は職員の方と一緒に料理をしたり買い物に行ったり、天気が良いときには散歩の機会を作ってくれる施設もあります。役割を持ち、**自立した生活をしてもらうことが介護**

保険の理念のため、「上げ膳据え膳」という施設は少ないようです。また、飲み込む力が低下した高齢者には介護食の提供もしてくれます。食事は普通食から嚥下食まで6段階のレベルに分けられ、かむ力や飲む力に応じて適切な食事形態を提供してくれます。

　入浴は週に2回程度が多く、入浴設備は一般浴だけでなく機械浴（寝たまま入れる）や、リフト浴（椅子に座ったまま入れる）などがあります。ほぼ寝たきりの方や、一般浴が難しい方はこうした設備の整っている施設を選ぶと良いでしょう。

　最近は多くの施設が地域交流やイベントに力を入れるようになっているため、施設にいながら夏祭りや季節の行事を楽しむこともできます。入所を検討している施設の相談員さんに、年間行事などをたずねてみてください。

老人ホームを選択することで介護離職を防止できる

　このように、老人ホームを選択することで、ご本人も家族も、もとの生活を取り戻すことができます。在宅介護に固執するあまり、限界点を超えて睡眠時間も家族との時間も削られ、仕事も休みがちになり、気がつくと介護者の社会復帰ができない状態が続き、結果的には仕事を辞めなければならない状況に追い込まれることも少なくありません。

　その行く先は、**「収入がなくなり、預貯金を食いつぶし、介護を受ける高齢者の年金で生活せざるをえない困窮状態」**です。このような事態を防ぎ、生活の質を担保するという意味でも、高齢者施設への入所は非常に大切な選択肢のひとつでもあります。

　とはいえ、すべての皆さんに老人ホームへの入所をおすすめするわけではありません。在宅介護でも、皆さんが笑顔で仲の良い家族関係のまま過ごせるのであれば、もちろんそれが一番です。本人も家族も皆が協力し合うことができれば、本人が一番喜んでくれると思います。

12 各家庭の ニーズに合った施設選び ①介護編

介護のプロに任せることも選択肢のひとつ

　親が自宅にいたいと望んだり、経済的な面で在宅介護を希望する方も
まだまだ多いと思います。しかし、介護環境や家計の状況などを考える
と、親を介護施設に預けてプロに介護を任せるというのも重要な選択肢
のひとつです。ご自身の生活スタイルの中に、介護を無理なく組み込む
ことがもっとも大切です。**在宅介護は子どもの義務ではありません。**介
護離職をしてまで在宅介護を無理に続けないよう、施設介護も検討しま
しょう。ぜひ、家庭のニーズに合った施設選びをなさってください。

介護老人福祉施設(特別養護老人ホーム＝特養)

　介護老人福祉施設(特別養護老人ホーム＝特養)は、常時介護が必要
であり、かつ医療依存度がそれほど高くなく、自宅では介護が難しい高
齢者のための施設です。食事、入浴などの日常生活の介護が受けられま
す。原則要介護3以上の高齢者が対象で、介護サービス費用は介護保険
適用となり自己負担金額のみで利用できます。最期まで看取ってくれる
ところが多く、**終の棲家としての機能**があります。

特養は常に入所待ちが続く人気施設

　他の施設に比べてリーズナブルであるために申し込みが殺到し、申し
込みから入所までの待機期間が他の施設に比べて長くかかります。**入
所条件は申し込みの順番ではなく緊急性の度合いが基準のため、なるべ**

く詳しい状況を申込書に記載しましょう。なお、もっとも緊急性の高い「やむを得ない場合」に該当するのは、**「家族による虐待の存在」「衰弱して命の危険がある」「自殺願望がある」**などのケースです。

　また、居住地域にかぎらず隣町などの自宅から少し離れたところ、あるいは遠方の場所も含め、**幅広い地域を探してみる**ことも早く入所できるコツのひとつです。入所できる人が**要介護3以上**に絞られ、都市部は満床のところが多いですが、地方には空いているところもあります。地方の自治体にも問い合わせ、広い視点で探してみましょう。

有料老人ホームなどの民間施設

　有料老人ホームは、食事、入浴、排泄など身体介護の他、家事など生活全般のサービスを行います。特養入所の待機中や在宅介護が難しい場合などに入所を検討しましょう。有料老人ホームは**特定施設入所者生活介護**と呼ばれ、介護保険法上は在宅介護に属します。以下がおもな種類です。

＜介護付き有料老人ホーム＞

　介護付き有料老人ホームは、入所金などの金銭的負担が可能であれば、自立した方でも入所可能です。そして要介護状態になれば、その施設に介護サービスがあるため、将来を想定し安心して暮らすことができます。

＜住宅型有料老人ホーム＞

　住宅型有料老人ホームも、自立と判定された高齢者でも入所できる施設です。そしていざ介護が必要となれば、こちらは介護付き有料老人ホームと異なり、別に訪問介護やデイサービスなどのサービス契約をします。介護サービスの利用頻度によっては、自立で入所したときと支払う額が大きく異なる可能性があります。入所時には介護サービス費も想定しておきましょう。

住宅型有料老人ホームの方は、その施設に住んで生活していく権利や介護サービスを利用する権利などを総称した「利用権」を、まとめて前もって購入する**「利用権方式」**という手法です。入所時のお金が多くかかりますが、月額の負担を減らす効果があります。

＜サービスつき高齢者住宅＞

　一方、**サービスつき高齢者住宅（＝サ高住）**は賃貸借契約であり、施設に住む契約や食事などの生活する契約、そして介護サービスなどをそれぞれ別々に契約します。入所時の費用は抑えられるものの、月額の費用が大きくなります。親の心身の状態、介護環境、家計の状況から総合的に検討していきましょう。

13 各家庭のニーズに合った施設選び ②医療編

介護老人保健施設（老健）

　介護老人保健施設（老健）は、病院から退院して在宅復帰を目指すときに、心身のリハビリや医療的ケアを提供する施設です。**要介護1から入所可能であり、基本的に3〜6か月で退院**します。

　リハビリは、全体的に週2回のところが多いですが、入所し始めた最初の3か月程度なら、希望すれば週に3回提供してくれる施設もあるようです。医師、看護師のみならず理学療法士、作業療法士、言語聴覚士などのリハビリ専門職が常駐しているため、在宅復帰を希望されている方にはおすすめの施設です。

　一方、薬の服用については、医療保険が適用される薬は一部にかぎられていますので、施設によく確認しておきましょう。

介護療養型医療施設

　介護療養型医療施設（療養病床）は、介護度が重度の高齢者向け施設です。食事や入浴などの日常生活ケアだけでなく、しっかりした医療的ケアを受けることができます。**100人の入所者に対し医師が3名常勤**しているだけでなく、看護師や介護士も他の施設に比べ多く配置されているため胃ろう、痰の吸引、カテーテルなどの医療的ケアが必要な方には安心です。逆に、生活支援や医療ケア以外の活動（レクリエーションなど）は期待できません。**特養が「生活支援」、老健が「リハビリ」**ならば、**こちらはまさに「医療的療養」を目的とする方に最適**といえます。

介護医療院

　介護医療院では、生活支援だけでなく、日常的な医学管理、看取りやターミナルケアを行います。長期的に医療・介護のそれぞれにニーズのある高齢者向け施設です（2024年3月には介護療養型医療施設が廃止予定とされ、国から介護医療院への業態変換を求められています）。

　また**要介護1から入所でき、Ⅰ型とⅡ型にわかれます。**Ⅰ型は介護療養型医療施設に相当する重篤な身体疾患を有する人向け、Ⅱ型は介護老人保健施設に相当する比較的容態が安定した人向けとなっています。

コラム

介護離職後に後悔する3つのこと

さまざまな調査結果によると、介護離職をした人の8、9割が「後悔している」と回答しています。突然親の介護が必要になったとき、真面目な人であるほどひとりで抱え込んでしまいがちです。そして、その大変さから「介護に専念しよう」と思ってしまい、離職を選択することが多いようです。仕事をしながらの介護はとても大変ですが、ずっと続くわけではありません。何より将来の自分のため、一度冷静になることも大切です。

介護離職をすすめない理由の第一は、大幅な収入減少があることです。子が親の介護をする必要が出てくる時期は、50代以降というケースが多いです。50代というのはもっとも賃金がピークの時期であると同時に、子育ても一段落し、老後に備えてお金を作っていく大切な時期です。親が生きている間は、自分の貯蓄と親の年金で生活が成り立つケースもありますが、親が亡くなれば年金もなくなります。前職と同じ条件で復職できる可能性は極めて低いため、「一度介護離職をすれば二度と同じ給料はもらえない」と考えて間違いないでしょう。

また、介護離職をしたら体も楽になると思ったのに、自宅にいるとかえって見守りの時間が増え、休めるどころかさまざまなことに目が行ってしまい、精神的負担で体調を崩す方もいます。「少しでも楽になりたい」との思いから仕事をやめたのにもかかわらず、家に閉じ込もった環境で介護を続けることで、残念ながらかえって負担が大きくなる人が大半です。

次の図は、「介護離職者への意識調査」の結果です。
・「精神面での負担が増した」と答えた人　64.9%
・「肉体面での負担が増した」と答えた人　56.6%
・「経済面での負担が増した」と答えた人　74.9%

介護休業は当然の権利です。介護休業は、介護をするためだけの休みではなく、仕事と両立していくための休みです。この制度はまだまだ浸透していませんが、「介護離職ゼロ」を目指し、介護休業に理解を示す企業も増えて

きました。会社への言いにくさもあるとは思いますが、自分や家族を守るために遠慮なく会社に相談しましょう。特に在宅介護は介護者が孤独になることが多く、ひとりで抱えることで辛さも増します。介護で悩んだら「SOS」を出し、会社、そして、地域包括支援センターのプロに相談しましょう。プロは、皆さんが仕事で家を空ける時間との兼ね合い等を考慮して、介護（ケア）プランを組んでくれます。仕事を続けて、ご自身のキャリアと生活を守りましょう。

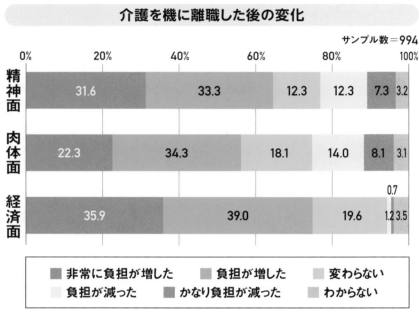

介護を機に離職した後の変化

出典：厚生労働省「仕事と介護の両立に関する労働者アンケート調査」（平成24年度厚生労働省委託調査）

第5章

家族を不幸にしない!
「自宅介護疲れ」
防止法

01 「介護休業制度」で「時間とお金」を死守する!

入社1年以上であれば「介護休業」がとれる

　介護休業とは、「労働者が要介護状態(負傷、疾病、または身体上もしくは精神上の障害により、2週間以上の期間にわたり常時介護を必要とする状態)にある対象家族を介護するため」の制度です。入社から1年以上を経ていれば、アルバイトや派遣社員の方でも取得できます。**介護対象家族ひとりにつき通算93日間取得でき、上限3回までは分割取得も可能**です(ただし入社1年未満や、1週間の所定労働日数が2日以下の労働者などは、労使協定の締結によって対象外になる場合があります)。

　親の介護が必要になったら事業主に申し出て、地域包括支援センターやケアマネジャーと連携し、仕事と介護の両立を図りましょう。

介護休業の取得例

分散して取得する場合

例1

取得1回目 30日	取得2回目 30日	取得3回目 33日

連続して取得する場合

例2

93日

出典:厚生労働省「介護休業について/介護休業制度特設サイト」

介護休業などの制度

介護休業	入社から1年以上たっていれば、アルバイトや派遣社員でも取得可能。対象者ひとりにつき3回、通算93日まで
介護休業給付金	介護休業中も、雇用保険から給付金が支給される 賃金の67%まで担保され、93日間を上限に3回まで支給
介護休暇	有給休暇や介護休業とは別に取得可能 年間で介護対象者ひとりにつき5日、つまり両親ともに介護の場合は10日取得できる
短時間勤務等の措置	フレックスタイム制、時差出勤（始業または終業時間を繰り上げ・繰り下げできる制度）、短時間勤務など 介護休暇とは別に、3年で2回以上の利用が可能 ※労使協定を締結の場合、入社1年未満あるいは1週間の所定労働日数が2日以下の人は取得不可
所定外労働の制限 **※残業免除**	労働者が家族介護のため申請をした場合、事業主は所定外労働の免除をしなければならない。1回につき1か月以上1年以内の期間。回数の制限なし
時間外労働の制限	労働者が家族介護のため申請をした場合、事業主は1か月について24時間、1年について150時間を超える時間外労働をさせてはいけない。1回につき1か月以上、1年以内の期間。回数の制限なし。ただし例外あり
深夜業の制限	労働者が家族介護のため申請をした場合、事業主は深夜時間帯（22〜5時）に働かせてはいけない。1回につき1か月以上6か月以内の期間。回数の制限なし ※非該当者は以下 ・所定労働時間がすべて深夜にあたる労働者 ・下記に該当し、介護可能な16歳以上の同居家族がいる者 ❶深夜に就労していないこと ❷負傷、疾病または心身の障害により介護が困難でないこと（介護が可能であること） ❸産前6週間、産後8週間でないこと　など

出典：厚生労働省「介護休業について／介護休業制度特設サイト」

休業対象となる家族については、配偶者（事実婚可）、両親、子ども・孫、配偶者の両親、祖父母、兄弟姉妹です。休業開始日の2週間前までに、書面などで事業主へ申し出ます。

「介護休業給付金」は賃金の67％を支給

各支給対象期間ごとの支給額は、原則として**「休業開始時賃金日額×支給日数×67％」**です。支給対象になる家族については、**93日間を上限に3回までにかぎり支給**されます。

対象となる要件は、介護休業開始日前2年間に、賃金支払基礎日数が11日以上ある完全月が12か月以上ある方。その他、12か月未満であっても要件を緩和できる場合がありますので、詳しくは厚生労働省やハローワークのホームページをご覧ください。

介護休暇

有給休暇や介護休業とは別に取得できます。**年間で介護対象者ひとりにつき5日、両親ともに介護の場合は10日**取得できます。介護休暇を使って、ケアマネジャーとの打ち合わせや各種手続きなどにあてることもできます。半日や時間単位で取得が可能ですので、有効に便利に利用しましょう。

なお、**労使協定を締結している場合、入社6か月未満の方、1週間の所定労働日数が2日以下の方は取得できない**ので注意しましょう。

介護休業制度に関する主な相談窓口など

事業者には、介護休業などを理由とした不利益な扱いや降格、解雇や雇い止めなどは禁止されています。また、事業主の義務として、介護休業などに関するハラスメント防止対策を講じることとされています。介護休業などの問題に関する相談窓口は次ページにあります。

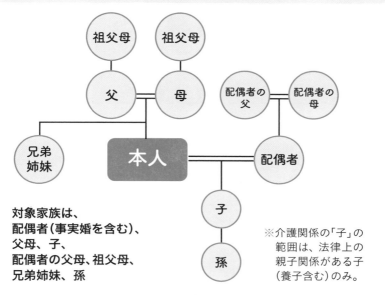

介護休業の対象となる家族

祖父母 — 祖父母

父 — 母

配偶者の父 — 配偶者の母

兄弟姉妹

本人

配偶者

子

孫

対象家族は、
配偶者（事実婚を含む）、
父母、子、
配偶者の父母、祖父母、
兄弟姉妹、孫

※介護関係の「子」の
範囲は、法律上の
親子関係がある子
（養子含む）のみ。

出典：厚生労働省「介護休業について／介護休業制度特設サイト」

<育児・介護休業法、仕事と介護の両立支援制度について>
➡都道府県労働局雇用環境・均等部（室）

<円滑な介護休業取得や職場復帰等職場環境の整備について>
➡株式会社パソナが行う厚生労働省委託事業「育児・介護支援プロジェクト」問合せ：03-5542-1740
こちらでは、社会保険労務士などの有資格者である「仕事と家庭の両立支援プランナー」が無料で会社を訪問し、従業員の介護離職防止アドバイスをしてくれます。

<介護休業給付金について>
➡各地域のハローワーク

02 「泊まりのサービス」を上手に利用して介護疲れを減らそう

一時的な介護休息に便利なショートステイ

　施設に入所するほどではないが、一時的な介護休息としては**ショートステイ**が有効です。ショートステイには、**短期入所生活介護**、**短期入所療養介護**、**有料ショートステイ**の3種類があります。

短期入所生活介護

　短期入所生活介護は、食事・入浴・排泄など生活していくためのケアや心身の機能訓練のケアが提供されるサービスです。

　在宅で介護を受ける高齢者が特別養護老人ホームなどの介護施設に短期間入所することができます。利用者の心身の健康状態の維持と回復、利用者の家族にかかる介護疲れなどの負担を軽減することが目的です。おもに医療依存度がそれほど高くなく、比較的状態が安定している方の生活介護を目的としたもので、生活支援目的のサービスです。

短期入所療養介護(医療型ショートステイ)

　一方、医療依存度の高い高齢者向けのショートステイは**短期入所療養介護**と呼ばれます。介護老人保健施設、介護医療院などがサービスを提供します。リハビリや医療的ケアなどの医療サービスが受けられるだけでなく、通常のショートステイ同様に食事や入浴などのケアを受けられます。おもに医学的な管理を要する方への対応が目的で、医療的見地からの治療・療養・看護・機能訓練などが受けられます。

この短期入所療養介護と短期入所生活介護は、介護保険適用のショートステイであり、通常の介護保険の負担割合である1割負担（所得によっては2〜3割負担）で利用可能です。

　1泊の費用が、介護保険の1割負担と居住費・食費などの負担のみで利用できるため非常に人気があり、あまり空きがなく予約が取りにくいという短所もあります。**利用するには、数か月前から予約をしておくことが無難**です。

有料ショートステイ

　有料ショートステイはおもに有料老人ホームなどが運営するサービスで、介護保険が適用されません。そのため、費用はおよそ1泊1万円以上するところが少なくありません（施設により幅があります）。

　有料ショートステイは介護保険適用のショートステイと異なり、保険が適用されない**全額自己負担のサービス**です。だからこそ、**希望日に予約が取りやすい**という長所もあります。また介護保険適用ではないため、要介護認定を受けていない高齢者や自立と判断された高齢者でも、ケアプランに関係なく利用が可能です。

ロングショートとは？

　介護保険適用の短期入所生活介護と短期入所療養介護は、それぞれ連続して利用できるのは原則30日までという決まりがあります。しかし実際は、**連続30日を超えて利用している高齢者**が多く存在し、これは**ロングショート**と呼ばれています。

　高齢者が病院を退院した後も、家族が仕事をしているため家に誰もいない家庭は決して少なくありません。つまり、自宅での介護が難しいという現実があります。しかし特別養護老人ホームなどの施設には空きがなく、すぐに入ることが難しいのも事実。そこで、このロングショートが使われるのです。

ロングショートの「31日目だけ自費サービス」ルール

　ロングショートの利用には、注意しなければならないルールがあります。**連続利用30日まで**という制限です。しかし**やむを得ない理由がある場合、申出書などの提出と31日目は全額自費とすることで、30日を超える連続利用が認められることがあります。**つまり30日間は介護保険適用サービスとして利用し、31日目は介護保険適用外サービスとすることで、翌日以降はまた介護保険適用サービス1日目とカウントすることが可能になるのです。

　施設の空き状況にもよりますが、これを一定期間繰り返していくこともできます。「どうしても在宅では介護ができない」「身寄りがない」などのやむを得ない理由がある場合、このルールを知っておけば30日を超えるロングショートも可能です。

　この**「連続30日カウント」**の解釈は、自治体により違いもありますので、市区町村窓口、地域包括支援センター、ケアマネジャーなどに確認してみましょう。

累積利用日数は「要介護認定期間の約半分まで」

　ショートステイの利用可能日数は、要介護認定期間の半分までとされています。しかし、これも**「やむを得ない理由がある場合は、そのかぎりではない」**とされ、申出書などを提出して、それが認められれば例外利用が可能です。ロングショートを利用できれば、入所に近いサービスを利用することが可能となります。ただし、これも施設の空き状況によりますのでご注意ください。また連続30日カウントの解釈同様、市区町村により累積利用日数の解釈に違いもあります。市区町村やケアマネジャーなどによく確認しましょう。

短期入所30日超過連続利用申出書

令和 **3** 年 **4** 月 **1** 日

○○**市長 様**

次のとおり、短期入所30日超過連続利用について申し出いたします。

〈申出者〉

事業所名	○○区居宅介護支援事業所 ㊞印 担当者 山田 太郎
所在地	○○区△△2丁目3番4号
電話番号	03 — 1203 — XXXX

〈被保険者〉

被保険者番号	0001234000		生 年 月 日	
氏名	サトウ ハナコ 佐藤 花子	明 大 昭	16 年 5 月 1 日	
住所	〒 123-4567　　　電話番号 03-7890-XXXX ○○区△△9丁目1番2号			
認定有効期間	令和3年1月1日～令和3年12月31日		要介護度	要介護3

〈該当事由〉

①	被保険者の心身状態の悪化や認知症などにより同居家族等による介護が困難な場合
2	同居家族が高齢あるいは疾病当により介護できないと判断できる場合
3	その他（理由）

〈短期入所連続利用日・施設〉

連続利用開始日	令和3年4月1日（30日超過利用が続いている場合の開始日を記入）		
利用開始日	令和3年5月2日	経過予定日	令和3年6月1日
利用施設名	○○区短期入所センター		

〈施設等申込状況〉

特別養護老人ホーム、介護老人保健施設等への申込先を記入してください。

○○区特別養護老人ホーム施設

※連続30日の定義は、自治体によって異なります。

03 「呼び寄せ介護と近居介護」後悔しない選択のために知っておくべきこと

環境変化は、悪影響を及ぼす危険性も

　地方にいる高齢の親を子どもが呼び寄せて在宅介護をすることを**「呼び寄せ介護」**と言います。離れて暮らす親を近くで看ることができるという安心感と、通いの交通費が発生しないという大きなメリットがあります。最近はひとり暮らしの高齢者を狙った悪質な犯罪や、高齢者の孤独死も増えている現状を考えると、同居することは双方にとって良いことだらけのように思われます。しかし、現実はどうでしょうか。

引きこもり、認知症発症などのリスク

　親からすれば、子どもとの同居によって、長年暮らした住み慣れた環境から一変するストレスも小さくありません。そうした住環境変化による心身へのストレスを、**リロケーションダメージ**と言います。

　いままでの近所づき合いがなくなるだけでなく、知らない道を歩くことへの不安から引きこもりがちになるなど、心身状態の変化が起きます。また、すでに認知症を発症している場合は、急激な環境変化による症状の悪化が起こり得ます。

　たとえば、家のトイレの場所がわからず間に合わないことで自信を喪失したり、夜の寝つきが悪くなり昼夜逆転したり、引きこもりがちになることでうつ症状が起こるなどがあります。認知症を発症していなかった親でも、子どもの家に呼び寄せた途端、環境の変化から認知症を発症することも少なくありません。

同居することで起きてくる新たな問題

　いままで異なる環境にいた親との同居は、親自身の問題だけではなく、介護をする子どもにも当然影響があります。親と、同居する子どもやその配偶者や孫では生活習慣が異なるため、互いの生活リズムが整うまでには時間がかかります。こうしたズレや慣れない介護生活によるストレスから、夫婦間・親子間の仲が悪くなることもあります。

　また、将来施設入所を考えている場合、同居は高齢者のみ世帯よりも**「介護力がある」**と評価されるため、特別養護老人ホームに入所を希望する場合は緊急性が下がるという評価になり、待機時間が長くなります。

近居介護も選択肢に

　いわゆる**近居介護（近隣施設入所含む）**も選択肢のひとつです。近居介護とは、同居をせず、子どもが親の近くに住んで介護をすることです。**介護予定者の半分以上が、この近居介護を希望**していることが調査によってわかっています。遠距離介護と違い、交通費の負担がなくなるだけでなく、緊急時にはすぐ駆けつけることができ、家族も気兼ねなくいままでの生活を維持できるので、自分たちのプライベートを保ちながら生活できます。親の介護状態や経済状況にもよりますが、一度検討すると良いでしょう。近居介護における介護の内容は、おもに食事、外出の支援、家事全般などがあげられます。

家庭に合ったベストな選択を

　呼び寄せ介護、近居介護のそれぞれにメリットとデメリットがあります。親の介護が必要になったら、親をどこに住ませるのが良いか、自分たちの生活も考慮しながら決定しましょう。自分たちの住む地域に親を呼ぶ前に、地域包括支援センターやケアマネジャーにも相談のうえ、アドバイスを受けることをおすすめします。

同居、近居・近隣施設入所の長所と短所

	長所	短所
共通項目	遠距離移動の心身・金銭負担が軽減される	親にとっては遠距離移動となるため、新しい環境がストレスになる場合もある
	親が近くにいるため、介護への安心感がある	新しいケアマネジャーに変わるため、新たな関係構築が必要
	コミュニケーションがとりやすい。親の変化にも気づける	住民票や医療・介護保険手続きなどの新たな行政手続きが必要
同居介護	二世帯分の生活費用がまとまるため、トータルの経済負担が減る	プライバシーの確保や介護休息はしづらくなる
	常時見守りができる	実の親子が一緒にいることで互いに遠慮もないため、衝突しやすい
	「最後まで自宅で過ごしたい」と思う親の満足度が高い	特別老人ホームの緊急性評価は下がる
近居介護	親と子のプライベートが守られる	新たに住居費用が発生する
	緊急時にすぐ駆けつけられる	常時見守れるわけではない
近隣施設	親と子のプライベートが守られる	新たに施設費用が発生する
	プロに任せられる	感染症発生時などを含め、いつでも会えるわけではない

04 人生100年時代、5人にひとりが認知症になる現実

認知症対策は介護の大きなテーマ

　内閣府の調査によると、**2012年の65歳以上の認知症高齢者は462万人で、65歳以上の高齢者の約7人にひとり、約15%**でした。しかし団塊の世代が後期高齢者になる**2025年には、約5人にひとりが認知症**になると予想されています。つまり65歳以上の高齢者の約20％が認知症を発症するとされているのです。人生100年時代と言われる中、長生きは素晴らしいことですが、見方を変えれば**「平均寿命が延びれば、認知症発症者が増えていく」**ということです。これからの介護の大きなテーマのひとつはまさに、認知症対策といえます。

認知症とその一歩手前のMCI（軽度認知障害）

　認知症は完全に発症するまでに段階があります。いわば「予備軍」の段階は**MCI（軽度認知障害）**と呼ばれ、認知症一歩手前の状態で、厚労省は**全国に約400万人**いると発表しています。MCIは物忘れ症状が出るものの、認知症には至らない、認知症と正常との中間の状態です。「認知症は治らない」とよく言われますが、その前段階であるMCIのレベルならば、専門家のアドバイスを受けて生活習慣や栄養の改善などを行うことで、認知症発症を防いだり、遅らせたりすることが可能です。

認知症高齢者とMCI高齢者の人口推定（2012年）

認知症高齢者	MCI高齢者 （正常と認知症の中間の人）
約462万人	約400万人

65歳以上の高齢者人口　**3,079万人**

出典：厚生労働省研究班

MCIの兆候とは？

　認知症の場合は、たとえば食事をした際に「食べたメニューを忘れる」のではなく、**「食べたこと自体を忘れる」**という特徴があります。経験自体を忘れるため、それがもとでトラブルが起きることもあるのですが、逆にいえば、家族や周りが気づきやすいともいえます。

　一方MCIの場合、日常生活はほぼ支障なく過ごせるために周囲から気づかれず、見過ごされてしまうことが多々あります。しかし、皆さんが親のMCIに気づいてあげられるサインもあります。

　たとえば、親子で旅行して数週間後に会話をする中で、「旅行に行ったこと自体」は覚えているが、場所や日付など詳細までは覚えていないという状態が頻繁にある。あるいは母親が料理をしていて、ガスをつけっぱなしにしたり、水道を出しっぱなしにしたりすることが多い。外に出る行為に消極的な場合や外着のおしゃれに関心が低いなど、意欲低下もサインのひとつです。物事を頼まれても、何度も同じ質問をしたり、簡単なことができなくなっていたりなど、ちょっとした変化がMCIのサインだと意識しておきましょう。

05 認知症対策の基本的な心がまえとして知っておくべきこと

もし、親が認知症になったら?

　ある日突然、親が認知症になったら?　仕事は、プライベートは、そして資金繰りはどうなるのかと、誰もが不安に思うのではないでしょうか。いざというときに慌てないためにも、親が認知症になった場合の心がまえと在宅介護に必要な準備について一緒に考えてみましょう。

基本的な心がまえ〜自分の気持ちと親の気持ちを大切に〜

　認知症ケアをする上で一番忘れてはいけないのは、親が認知症になったことを子どもがネガティブに考えること以上に、**親自身は自分や周囲の環境が少しずつ(または急激に)変化することに傷つき、不安を抱いている**ということです。人間ですから、ときには親子でぶつかり傷つけることもあるかもしれませんが、互いを思いやり、支え合う気持ちを持ち続けることで、親子関係はほどよいバランスを取ることができます。

　人生100年時代。介護も長距離走になると想定し、介護サービスの検討も、仕事もプライベートも資金繰りも、しっかり考えていくことが大切です。どこまでを在宅介護の限界とするのか、あらかじめ家族間で話し合い、それぞれの役割分担から資金計画までを考えておきましょう。

働きながら親の介護を考えるときの5か条

①	誰かに相談する	身近な人や専門職に話すことで、自分の考えを整理する習慣を作りましょう
②	チームを作る	家族、ご近所や友人、ケアマネジャーはじめ介護・医療の専門家など、皆で支える体制を作りましょう
③	プライベートの時間を作る	趣味やリラクゼーションなど、心に余裕を持つための自分の時間を持ちましょう
④	学びの場を持つ	介護セミナーや認知症カフェ、家族の会など、情報を得たり学び合える場を持ちましょう
⑤	在宅サービスと施設サービスを上手に活用する	限界まで頑張りすぎると、心身のバランスを崩し、離職につながることもあります。「良い加減」を心がけ、ショートステイや施設入所も視野に入れておくことが大切です

段階別の認知症ケアのポイント

　認知症といっても、アルツハイマー型認知症、脳血管性認知症、レビー小体型認知症や前頭側頭型認知症など、さまざまな種別があります。さらに、その方が生きてきた背景や家族構成などにより個人差があるので一概にはいえませんが、一般的に想定される範囲でケアのポイントをご紹介します。

　中でも、脳血管性認知症の場合は脳出血や脳梗塞などで一気に症状が進行する場合がありますので、その点もふまえて参考にしてください。

認知症の親を介護する際の参考基準

見守りながら在宅サービス

軽度レベル：認知症高齢者の日常生活自立度【I程度】	
基準	何らかの認知症を有するが、家庭でも社会でもほぼ自立して日常生活を送っている
状態	心身機能の維持や改善を目的とし、要介護状態にならないための介護予防サービスが必要な状況

在宅サービスか施設

軽度〜中程度レベル：認知症高齢者の日常生活自立度【II程度】	
基準	日常生活に支障をきたすような症状・行動や意思疎通の困難さが多少見られても、誰かが注意していれば自立できる
状態	買い物や事務的なこと、金銭管理など、それまでできていたことにミスが目立つ。服薬管理ができない。ひと時も目が離せない状況ではないが、ひとり暮らしが困難になってくる。夜間を含めたサービスを検討する状態

いざとなったときの選択 〜在宅から施設へ〜

「在宅か施設か」は、誰もが葛藤し悩むことです。ただし、鏡の中の自分を見て限界だと感じたときは、次の選択を考えるサインです。

　介護は基本的に長距離走です。介護する側とされる側が共倒れになってしまわないように、在宅で限界まで頑張ったのであれば、一定の距離を保ちながら違う形で親をケアしていくことも大切です。施設や病院に住まいを移したとしても、親子の絆が切れるわけではありません。むし

ろ、「スープの冷めない距離」になったことで心に余裕ができ、互いの関係が良くなることも多々あります。このことが、次なる親子関係を築いていく始まりなのかもしれません。親子の絆を引き続き大切にしていきましょう。

最期は在宅という選択肢も

　厚生労働省が発表している平成30年の「終末期医療に関する調査」において、次のようなアンケート調査結果を発表しています。

　アンケート調査の前提条件は**「認知症が進行し、身の回りの手助けが必要で、自分の居場所や家族の顔が分からず、食事や着替え、トイレなどもひとりでできなくなり衰弱。回復の見込みはなく、約1年以内に徐々にあるいは急に死に至る」**というものです。

　そうした仮定の中、**「どこで最期を迎えたいか」**という問いには、**「自宅」**との回答が最も多く、**63.5%**もありました。「自宅」を希望する理由としては「住み慣れた場所で最期を迎えたいから」「最期まで自分らしく好きなように過ごしたいから」「家族等との時間を多くしたいから」などがありました。

　悪条件を仮定したアンケート調査にもかかわらず、**「実に6割以上の人が住み慣れた場所での最期を迎えたい希望を持っている」**という結果には重みがあります。

　実際、在宅で最期を迎えるケースも増えてきました。これは地域における在宅医療や在宅サービスが充実してきたこともあり、最期の大切なときを往診医や訪問看護、訪問介護を利用して自宅で迎える方法です。居住場所を施設や病院に移したことに対して、後悔の念や罪悪感を抱いている家族も少なくありません。最後の数日〜数週間を医療介護関係者の人の力を借りながら自宅で一緒に過ごすことも、選択肢のひとつとして心にとどめておいても良いかもしれません。

06 認知症介護の負担を減らす「見守りサービスとIT」の活用法

お役立ちサービス

見守りサービス	高齢者緊急通報システム	市区町村	65歳以上のひとり暮らしの高齢者や高齢者世帯を対象に、自宅の電話機に接続する「緊急通報システム・緊急ボタン付きペンダント」などを貸与するサービス。緊急時は民間の警備会社や消防署に通知
	高齢者見守りSOSネットワーク	市区町村・警察	迷い出（徘徊）の前に本人の特徴や連絡先を事前に登録。万が一の時は即座に自治体や警察に連絡が回り、捜索してくれるシステム
	個別訪問	民生委員など	月に数回、訪問や電話での見守り
	お弁当の宅配	市区町村・民間	訪問による安否確認。手渡し時の声かけ。異常があれば家族などに連絡が入る
在宅支援サービス	紙おむつの支給	市区町村	(例) 要介護1以上で常時おむつを必要とする方に市区町村が指定したおむつが毎月自宅に発送される ※所得要件あり
	寝具乾燥サービス		(例) ❶65歳以上の要介護3以上の人 ❷65歳以上の病弱なひとり暮らしまたは高齢者のみ世帯の人を対象に、乾燥消毒など指定の回数分を1割負担で利用できる ※所得要件あり

※サービス、対象者は市区町村による

お役立ちグッズ

　日常的な見守りに加え、コロナ禍の自粛生活で帰省が叶わなくなっている状況下、介護にもIT技術の活用が期待されます。ケアマネジャーや専門家に相談しながら利用しやすいものを選び、役立てましょう。

見守りカメラ	Wi-Fi環境下で自宅内外の様子をカメラで確認 ・暗視機能付きで夜間も確認可 ・動体検知（アラーム音）で離床を知らせたり、音声通話可のものや録画機能もある
位置情報システム	携帯電話、GPS付きキーホルダーのリサーチ機能を利用し居場所を検知 ・認知症での徘徊時におおよその場所を特定 ・いつも持参する鞄や衣類に入れておく ・携帯電話は代理店などで設定が必要（オプション料金あり）
離床センサー ※介護保険対象	床に敷くタイプ、ベッドのマットレスに入れるタイプ、赤外線で感知するタイプなど。起き上がったり、足を乗せた時にセンサーが感知してアラームが鳴る。徘徊予防やトイレ以外で排泄をすることの予防に活用
タオルウォーマー	使い捨てのウェットタオル（水洗トイレに流せるもの）は排泄介助時に重宝。電源を入れておけば常に適温で、おむつかぶれも予防できる
見守り機能付き家電	冷蔵庫や炊飯器、ポットなど家電にセンサーがついており、安否確認ができる。Wi-Fi環境があれば携帯に通知が飛ぶシステムで、月額利用料500円程度など各社でさまざま
人感センサーライト&チャイム	迷い出予防やトイレ誘導時に、人感センサーやチャイムをリビングや玄関に設置。工事不要、ワイヤレス、非常災害時にも活用できる

07 親がお金を 管理できなくなってきたら 絶対にやるべきこと

お金の管理に困ったら「日常生活自立支援事業」

　親がお金の出し入れ、通帳や印鑑などの管理に困っていたら、市区町村の社会福祉協議会が窓口の**日常生活自立支援事業**を利用してみましょう。この支援事業は、認知症高齢者などの判断能力が不十分な人向けのものです。日常生活に必要なサービス利用に向けた情報収集や、その理解と判断と意思表示を自分で行うことが難しい人向けに行われる事業です。なお、この事業を利用するには**事前契約が必要**です。

具体的なサービスと援助内容は？

　具体的な援助内容は、福祉サービスの利用援助、日常的金銭管理サービス、生活改善のための情報提供や助言や手続き、書類等預かりサービスなどです。本人の希望を踏まえて支援計画が作成され、生活支援員がそれに基づき支援をします。**相談は無料ですが、サービスは有料で1時間につき千数百円程度**です。施設に入所したり入院した場合でも、生活やサービスの利用に関するサポートを受けられます。

サービスの例

　＜福祉サービス利用援助＞
「ホームヘルパーさんに来てほしい」という人に対し、利用のための手続きを手伝う。

5 家族を不幸にしない！「自宅介護疲れ」防止法

171

<日常生活金銭管理サービス>

「お金の支払いでいつも迷ってしまう」という人に対し、医療費、税金、公共料金の支払いを手伝う。

<書類等預かりサービス>

「通帳などの大切な書類の管理が心配」という人に対し、安全な場所で預かる。

日常生活自立支援事業

福祉サービス 利用援助	・福祉サービスを利用・停止のための手続き、利用料支払い手続き ・福祉サービスの苦情解決制度を利用する手続き ・住宅改修、居住家屋の賃借、日常生活上の消費契約および住民票の届け出等の行政手続きなどに関する援助
日常的金銭 管理サービス	・年金などの受領に必要な手続き ・日用品等の購入代金を支払う手続き ・医療費・税金・社会保険料、公共料金などを支払う手続き ・上記の支払いに伴う預金の払い戻し、預金の解約、預金の預け入れの手続き
書類などの 保管サービス	・通帳や印鑑、年金等の証書、預貯金の通帳、保険証書、不動産権利証書、契約書など

出典：全国社会福祉協議会「ここが知りたい日常生活自立支援事業」

成年後見制度

成年後見制度は、親が認知症などにより判断能力が十分でない状態になった場合、本人に代わり法的に権限を与えられた成年後見人・保佐人・補助人が、預貯金の管理をする財産管理、病院や介護保険サービスなどの契約をする身上監護などを行い支援する制度です。**親の判断力の**

程度に応じて、後見・保佐・補助にわかれます。月2万円程度を専門職後見人（弁護士・司法書士・行政書士・社会福祉士など）に支払います。

成年後見制度における判断能力の考え方

補助	物忘れのほか、物事の理解に不安を感じるという程度。高齢者本人と補助人が同意しながら、契約行為を進める
保佐	判断能力が著しく不十分な状態の人が対象。契約行為については、保佐人と同意をしたり、保佐人の判断で進めることもある
後見	高齢者自身で判断することができない人が対象。後見人がほぼすべての法律行為を行う

日常生活自立支援事業と成年後見制度でできること

日常生活自立支援事業	
内容	本人の意思決定を援助する
日常的な生活援助の範囲内での支援	・福祉サービス利用の申し込み、契約手続きの援助など ・日常生活に必要なお金の出し入れなど
成年後見制度	
内容	本人に代わって意思決定ができる
財産管理や身上監護に関する契約などの法律行為全般	・施設への入退所契約、治療、入院契約など ・不動産の売却や遺産分割、消費者被害の取り消しなど

日常生活自立支援事業と成年後見制度の違い

　前ページの図にあるような違いのほか、成年後見制度では支援をしてもらえるものでも、日常生活自立支援事業ではしてもらえないものなどの違いもあります。また、どちらの制度や支援でも、できないものもあります。

　たとえば、福祉サービスの利用申し込み、入院の契約・施設入所の契約等の手続きについては、成年後見制度では直接行うことができますが、日常生活自立支援事業ではその手続きの援助までしかできません。また、消費者被害の取り消しについても、日常生活自立支援事業では、そのための手続支援までしかできません。

　さらに、不動産処分や管理、遺産分割などについては、日常生活自立支援事業では、成年後見制度と異なり、行うことができません。

　なお、日常生活自立支援事業でも、成年後見制度でも、次のようなことはいずれも行うことができません。

　　＜日常生活自立支援事業や成年後見制度でも行えないこと＞
　・医療行為の同意
　・身元保証人になること
　・婚姻・離婚・養子縁組といった一身専属権（相続や譲渡などができない、その人（この場合要介護者）だけに与えられた資格や権利）

08 「介護ボランティア」の 力を借りて 介護の悩みを軽くしよう

在宅介護者の集い

多くの場合、自分の住む地域に**介護を行う家族が集う場**があります。皆さんがお住まいの地域でもぜひ探してみてください。

参加すると、寝たきりや認知症の親を介護している人、障害者を介護している人、いままで介護をしてきた人などが集まり、お茶を飲みながら互いの悩みを打ち明け、わかち合うことで、心身のリフレッシュをはかることができます。

集まりによっては、現在介護中で悩んでいる「現役」に対し、介護を卒業した「先輩」が受け止めてくれたり、介護のプロも参加し適切なケアのアドバイスをしてくれる場になったりします。介護疲れに陥ったら、ぜひ地域包括支援センターへ問い合わせましょう。

「認知症カフェ」ってどんなところ？

最近増えてきた**認知症カフェ**。認知症当事者はもちろん、その家族、地域の人が集まって語り合い、交流を楽しむ場所です。在宅介護の集い同様、介護経験者や介護のプロも参加し、介護や認知症についての相談も気軽にできます。多くの場合、月1回ペースで開催され、**参加費は無料またはお茶代として数百円かかる程度**です。運営元は市区町村や地域包括支援センター、社会福祉協議会、介護事業所、自治会などさまざまです。

認知症の方本人にとっては、ゆったりした空間で自分のペースで過ご

すことにより、心理的安定の場になるという効果があります。また家族にとっても、認知症ケアの悩みを共有できたり、適切なアドバイスをもらえたりする場です。近くの地域包括支援センターに問い合わせてみましょう。

地域のボランティアを活用

　地域によっては、皆さんの親の見守り支援を行っているボランティアが存在します。具体的には民生委員や町内会、NPO、町の電器屋さんなどです。たとえば「新聞がたまっていないか、倒れていないか」「いつも同じ服を着ていないか」「見知らぬ人の出入りはないか」など、いつもとは違うサインがあるか気を配ってくれます。また、話し合いボランティア、傾聴ボランティアなど、見守るだけでなく、実際に交流してくれるボランティアも存在します。市区町村や地域包括支援センターに問い合わせ、あらゆる**「地域の介護インフラ」**を活用しましょう。

09 家族会議で兄弟姉妹の介護負担を決めておこう

できれば親が元気なうちに話しておく

突然の介護に慌てないため、そして家族間で介護トラブルを起こさないためにも、できれば親が元気なうちに親の意思も最大限尊重して、話し合いを持っておきたいものです。**「自宅介護か施設介護か」「誰が介護をするのか」「介護費用は誰が出すのか」**など、事前に決めておくべきことはたくさんあります。

介護の分担はどうする？　スタートが肝心！

「介護はスタートが肝心」と言われます。始めの段階から役割分担を決めておくことも大切です。特に親の近くに住む子どもは**「自分ばかりが介護を担っている」「遠くの兄弟は手を貸してくれない」**と思う一方で、遠くの子どもは**「どう手伝っていいかわからない」「兄（嫁など）に任せっぱなしで罪悪感がある」**など、始めに役割分担をしておかないと後々に感情の行き違いやすれ違いも起きてきます。

具体的な介護の分担方法

では、親の介護を分担するにはどのような方法があるのでしょうか。一例ですが、**親の近くに住む子どもが直接の介護支援を行い、遠くに住む子どもは金銭支援や実家への定期訪問、近くに住む子どもの介護休息支援をする**といった分担方法があげられます。最初から役割分担を決めておくことで、お互いが感謝の気持ちを持ち、良い関係を保つことがで

きます。そして、**決まったことを記録しておく**ことも大切です。もちろん、基本的には身体的介護はプロに任せて、介護費用は親の財布から出すのが鉄則ですので、ケアマネジャーや地域包括支援センターなどの専門家と連携して話し合いをすることも効果的です。

それぞれの未来を大切に考えよう

家族会議では、あくまでも**「みんなの未来にとって何がベストな選択か」**を話し合いましょう。ここでいう未来とは、**「親に残された未来」**と**「介護を担う子どもの未来」**です。日本では介護離職という言葉があるくらい、親のために職を辞めて介護に専念する人が少なくありません。

しかし、子どもの長い未来を考えたとき、それが本当にベストなのかは慎重に考えなくてはなりません。親の気持ちを尊重しながらも、介護が終わった数年先、そしてその先の未来で後悔することのないよう、意識して話し合いを持つことをおすすめします。

男性は「家族介護」を、女性は「プロ介護」を希望

ここまでは「親の介護」についてお伝えしてきましたが、「自分自身の介護」について、皆さんはどう思っているのでしょう。

こんな意識調査のデータがあります。**「自宅で介護を受けたい」**と答えた60〜64歳の男性は50%であったのに対し、同世代の女性は30%にとどまりました。一方、**「介護はプロにお願いしたい」**と答えた55〜59歳の男性は34%で、同世代の女性は50%と上回りました。調査に答えた男性の多くは会社勤めの方であり、介護をあまり身近に感じていない、介護の経験がない傾向がある中、女性の方は介護経験者も多く、介護をより身近に感じているようです。さらに、女性の方が適応力があるためか、施設に対して否定的ではありませんでした。

10 親が元気なうちに実家の片づけをしておくとのちのち後悔しない

親が元気なうちに断捨離スタート！

　親が亡くなってから、子どもが片づけをすることを遺品整理と言いますが、**あえて親が元気なうちに断捨離する**ことをおすすめします。使っていないマッサージチェア、余っているタンス、家具、本、何年も着ていない洋服や、重くて使いにくい調理器具など、何十年と暮らす間に家には多くの不要品がたまります。親にとっては大切な思い出の品かもしれませんが、介護状態になると、室内にポータブルトイレや介護ベッドを置いたり、車いすでの室内移動には広いスペースが必要になります。親が元気なうちだからこそ、率直に、前向きに、将来を見据えて断捨離を進めましょう。

自宅にも危険がいっぱい

　高齢になると、体力の低下から生活動作そのものを面倒に思うようになり、よく使う部屋に何でも持ち込みがちになります。床に新聞や物を積みっぱなしにするのもそのひとつです。徐々に足元がおぼつかなくなり、目が悪くなった親にとっては、**転倒防止のために足元の障害物も減らしておくことがリスク回避**になります。

　そのほか、自宅の外に置いてある植木や花壇なども障害物となり、転倒のリスクとなります。さらに親が認知症になると、物を片づけたり、捨てたりする能力が衰え、結果として自宅は散らかり危険が増します。

認知症を発症してからの断捨離は困難

　高齢による**物忘れや認知症状が進行すると物への執着が強くなり、親の物を捨てることが困難**になります。これも、親が元気なうちに断捨離をすすめる理由のひとつです。また高齢になると、物を片づけても、片づけた場所を忘れてしまいます。親が物を見つけやすいように、いまから部屋を見晴らしの良い状態にしておきましょう。

大切な思い出は残したい

　子どもから見るとゴミでも、親にとっては大切な思い出の品という物もたくさんあります。そんなときは**電子化サービス**を利用しましょう。アルバムの写真や表彰状など、記録として残したいものを段ボールで送ると、データにして保存してくれます。

11 自由度の高い「介護保険外サービス」の活用法

介護保険サービス「対象外」になるものとは

これまで高齢者を支える介護サービスをご紹介してきましたが、一方で、あらゆる生活支援に介護保険が使えるわけではありません。**「直接本人の援助に該当しないもの、日常生活の援助に該当しないもの、日常的な家事の範囲を超えるもの」**は、介護保険の範囲に含まれません。

介護保険サービスの対象になるもの・ならないもの

（訪問介護の場合）	介護保険サービスの対象	介護保険サービスの対象にならないもの（訪問介護の場合）
身体介助	・食事の介助	・大掃除や模様替え ・草むしりや花木の手入れ ・家具の移動、修繕 ・冠婚葬祭の出席 （結婚式・葬式）
	・排泄の介助	
	・着替えや移動などの生活動作	
生活援助	・生活必需品の買い物や調理	・ドライブやカラオケの同行 ・車の洗車や掃除 ・電気器具などの修繕 ・ペットの世話など
	・洗濯や衣服整理	
	・日常的な掃除	

こんな困りごとに使うと便利

　前ページの表で介護保険の対象外となる項目を示しましたが、具体的にはどのようなときに介護保険外サービスを使えば良いのでしょうか。下記は、実際に筆者の事業所によくある依頼の内容です。さまざまなニーズ、そして使い方があることがおわかりいただけると思います。

　　＜介護保険外サービスの具体例＞
　・嗜好品を買いたいからデパートに同行してほしい（ご本人）
　・友人と飲みに行きたいので、夜間の見守りをしてほしい（ご家族）
　・実家を片づける間の見守りを手伝ってほしい（ご家族）
　・孫の結婚式での送迎、付き添いをお願いしたい（ご家族）

家族の介護疲れを取り除く一助にも

　長い介護生活の中では、「数日間出張に行かなければならなくなった」「たまには介護を忘れてゆっくり外出したい」「旅行に行きたい」ということもあると思います。そのように一時的に家を空けたいとき、要介護認定を受けている方は、特別養護老人ホームなどが行う**「短期入所生活介護（ショートステイ）」**のお泊まりをうまく活用しましょう。ただし、ケアマネジャーに利用単位の確認をしてください。もし介護保険の利用単位をオーバーしてしまう場合、あるいは親を同行させたい場合は、必要な時間だけ介護保険外サービスを活用しましょう。

どこに申し込めばよいのか

　介護保険外サービスを受けるには、**まず介護保険外サービスを取り扱っている事業所と契約**を交わしましょう。契約書に記載される範囲内で、自由度の高いサービスを受けることができます。民間が行うサービ

スのため、料金設定は事業所によって異なりますが、身体介護つきならおおむね4,000〜5,000円が相場です。

　事業所を探す方法は、インターネットのウェブサイトで検索したり、担当のケアマネジャーや地域包括支援センターなどへ問い合わせましょう。いま介護サービスを受けている事業所にも、取り扱いがないか確認すると良いでしょう。

　近年、自由度の高い介護サービスを受けたいというニーズが増加しています。しかしまだ認知度も提供する事業所の数も足りていないと感じます。今後、確実に広がっていくサービスとなるでしょう。

最良の1日を過ごすためのサービス

　介護保険外サービスは、**「生きるのに絶対必要ではないけれど、生活にハリと潤いを与えるもの、心を豊かにするもの」**と筆者は考えています。経済的な余裕があれば、必要なときには利用の検討をおすすめします。

　弊社でも同様のサービスを行っていますので、興味のある方は弊社のウェブサイト（https://attend.tokyo/）をのぞいてみてください。

12 災害時の介護のために いまから 準備しておくべきこと

高齢者が備えておくべき物

　親と別々に暮らしている場合、災害に備えた準備を事前に手伝ってあげることが必要です。市販の防災グッズ、3日分の水や食料を備えておくほか、高齢者独特の必要物があります。平時のいまだからこそ、親と一緒に**「絶対に欠かせないもの」「あると役立つもの」「あれば周りの人に気遣ってもらえそうな目印」**など話し合ってみましょう。

親のみの世帯では災害時要援護者としての情報登録を

　災害時に別居の親をいち早く助けられるのは、子どもでも行政でもなく近所の方です。連絡先を交換したり、町内会や自治会、民生委員、向こう三軒両隣など、ご近所同士の助け合いを機能させるために有効なのが**災害時要援護者の情報登録**です。申請すると、町内会などの地域団体に災害時要援護者リストが提供され、リストアップされたお宅を地域団体が訪問して支援内容・方法を確認してくれます。

災害用伝言ダイヤル「171」

　災害用伝言ダイヤル「171」は、連絡したい電話番号宛にいまいる場所や安否情報をメッセージにして残しておけるサービスです。災害時に携帯がつながりにくい場合は、連絡手段として有効です。**毎月1日と15日に体験利用ができる**ので、実家で利用して親に覚えてもらいましょう。

新型コロナ禍の避難所で気をつけること

　避難所には不特定多数が集まります。マスクや消毒液、体温計、持病や疾患などを書いた首掛けカードホルダー（**ヘルプカード**）を携行しましょう。夏場は風通しの良い場所へ、冬場は窓や出入り口付近ではない場所を用意してもらえるよう、援助者に伝えておきましょう。

災害時介護のために準備しておくべきもの

自宅での備蓄物	・ひとり1日3リットルの飲料水 ・3日分の常食の他、飲み込みやすいユニバーサルデザインフードや保存食。生活用の水（例：洗う時以外は風呂水を抜かない） ・衣類（防寒着、雨具、下着） ・使い捨てカイロ、携帯トイレ、紙おむつ、トイレットペーパー、携帯ラジオ、ポータブル電源、懐中電灯、かかとのあるスリッパや厚底運動靴（地震でガラスが散らばる危険）、ホイッスル（存在を知らせるため）
避難所へ持参するもの	・チョコレートや飴などの非常食。飲み込みやすいユニバーサルデザインフード ・コロナ対策物（消毒液、マスク、体温計、自分用洗面具、タオルなど） ・口腔ケア用品（デンタルリンス、ガーゼなど） ・入れ歯、入れ歯洗浄剤、老眼鏡、補聴器（ふだん使用している物） ・折り畳み杖（ふだん使っていなくても、長距離歩く時に重宝するので必須） ・衣類（防寒着、雨具、下着） ・ビニールシート、使い捨てカイロ、紙おむつ、トイレットペーパー、携帯ラジオ、懐中電灯、厚底運動靴、ホイッスル、2〜3日分の常備薬、とろみ剤、おくすり手帳、ヘルプカード、貴重品（介護保険証、健康保険証、通帳、印鑑など）、現金（公衆電話や自販機の使用に備えて小銭を多めに準備）、携帯電話、充電器、筆記用具など

出典：品川区「新型コロナウイルス感染症に係る避難所運営マニュアル」

コラム

介護には、家族それぞれの形がある

離婚してひとり身だった父は、キーパーソンの長女（筆者）、次女から介護を受けることになりました。世間には、奥さんの言うことは聞かなくても娘の言うことなら素直に聞く、そんなお父さんも多いとか。職人気質の無口な父は、まさにそのタイプでした。

父の介護をしている間、多少掃除が行き届かなくても文句も言わず、ご飯を作れば「ありがとう」と言ってくれる優しい父でした。もし母による介護だったら、そうはいかなかったかもしれません。もちろん介護は誰がした方が良いということではなく、家族の数だけ形があり、それぞれがベストを尽くすことが大切なのではないかと思います。

父は最後、病院でみんなに囲まれて亡くなりました。私と娘、次女夫婦と子どもたち。このときばかりは、離婚して22年たつ母も来てくれました。呼吸が短くなっていましたが、みんなが呼びかける声は、ちゃんと父に届いていたと思います。父は人生の途中から、母と一緒にいられなかったけれど、最期は見送ってもらえました。こんな家族の形もありだと思います。

私は「この両親のもとに生まれてきて良かった」と心から思っていますし、介護を通して家族を振り返る時間を与えられたことに感謝しています。いつまでも、家族の絆は変わることはありません。

父はいま、筆者の家の近くにあるお寺で眠っています。私と嫁いだ妹とではゆくゆく管理できなくなると考え、管理費（固定費）のかからない樹木葬を選びました。樹木葬にも墓石があるものがあり、個別型（夫婦や家族など、特定の人が入れるよう区分けされているもの）を選んだことで「ここに父がいる」と実感でき、とても満足しています。

介護を終えて思うこと、それは「親の介護ができてよかった」につきます。介護は親のためだけではなく、自分のためでもありました。親の死後にやってくる後悔を減らすために必要だったのだと感じます。いま身近な人の介護で大変な思いをされている方にも、必ず終わりがきます。そのときをイメージしながら、いま一緒にいる時間を、どうか大切にしてください。

第6章

介護施設経営者だからわかる!
「介護施設」の
選び方

01 老人ホームの「介護サービスの質」に注目しよう

利用料、設備……何を重視するべき？

　いままで家族による在宅介護をされていた方が、急な入院がきっかけで身体機能が下がり、在宅介護を断念しなければならなくなることがあります。そんな時、考えるべきは施設入所です。

　どこに入るかは重要な決断になりますが、急ぐあまりインターネットで予算内に収まる施設を探し、パンフレットを取り寄せただけで施設見学もせず入所を決めてしまうケースもあります。これは極端な例ですが、では多くの人は何を重視して施設を選んでいるのでしょうか。施設選びの経験者が重視したことについて、下記のアンケート調査を見てみましょう。

老人ホームを選ぶ時の絶対条件

1	適正な価格
2	確実な介護技術（介護サービスの質）
3	スタッフの対応
4	看護・医療との連携
5	食事内容の充実
6	認知症への対応

出典：老人ホーム検索サイト「みんなの介護」

「月額利用料が安かったから」「建物や施設内の設備がきれいで良かったから」という声があがる一方、**「介護サービスの質」**と答える割合が増えてきました。施設なんてどこも同じだというひと昔前の考えではなく、個々の介護事業所のサービスを見極めたい、というご家族の強い意志、そして介護サービスへの関心が徐々に高まってきていることを感じます。

「介護サービスの質」とは

このアンケートで2位となった**「確実な介護技術（介護サービスの質）」**とは、具体的にはどんなことを指すのでしょうか。それは、**「利用者が尊厳を保持し、残存機能（本人が保持している能力）に応じた自立した日常生活を営めるようにする」**という、介護保険の理念に沿ったサービスのことを言います。

また施設側は、スタッフの研修を行うだけでなく、人員配置や設備、運営に関する基準など定められた点を遵守することも、介護サービスの質を保つことにつながります。

最近では、介護の質を評価するため、自己評価に加えて外部評価を導入する事業所も増えてきました。スタッフの適切な対応が、利用者の心身の状態にも良い影響を与えます。親が良い状態を保つためにも、料金や立地に加えてぜひ注目したいポイントです。

施設の取り組みから「介護サービスの質」がわかる

次ページは、施設が実施する具体的な取り組みの一例です。スタッフが利用者に対して常に笑顔で接していることはもちろん、次ページのような取り組みをしっかり行っている施設は、一定の質を保っているといえます。

<利用者のQOL（人生の質・生活の質）を確保＞
・介護技術の十分な習得
・認知症ケアの技術向上
・施設内事故の防止対
・利用者や家族との適切なコミュニケーション など

<地域との連携＞
・地域住民の介護体験やボランティアの受け入れ
・医療機関との連携
・居宅サービス事業所（ケアマネジャー）との連携 など

出典：厚生労働省介護給付費分科「介護サービスの質の評価について」

良い老人ホームを探すために

「老人ホーム」に入所するとき、在宅介護のケアプランを作成するケアマネジャーが、いわゆる老人ホームを紹介することはあまりありません。数え切れない老人ホームの中から、予算内で、その人に合っていて、しかもご家族が納得する施設を探すのは至難の業です。

　また、一度老人ホームに入所してしまったら、通いのデイサービスと違って簡単に変更ができないため、慎重にならざるを得ません。終の棲家となる老人ホーム選びは、基本的にはご家族が施設を探し、スタッフの雰囲気や料金、医療体制や介護の質の高さなどトータルで検討しましょう。その上で、より詳細な情報を得るために、無料の老人ホーム紹介センターなどを活用するのも良いでしょう。

02 損をしないための「デイサービス選び」の基準とは

通所介護の利用割合が1位

　東京都福祉保健局の令和2年11月「介護保険事業状況報告」によると、**東京都の在宅サービス種類別の利用人数（利用者総数に占める在宅サービスの利用者の人数）は、1位が福祉用具の利用、2位が居宅療養管理指導、3位が訪問介護**でした（193ページ参照）。そのうち、「訪問によるサービス」と「通いのサービス」に分類すると、通いのサービスでは通所介護が1位、という結果となりました。

利用する機会の多い「デイサービス」はどう選ぶ？

　通所介護とは、老人デイサービスセンターなどに通い、入浴・排泄・食事などの介護や機能訓練などを行うものをいいます。要介護者の在宅生活と家族を支えるサービスとして、多くの方が利用しています。日中ご家族が留守にしている場合は、週5日通う方もいるほどです。デイサービスは、私たちにとって大変身近なサービスです。

良いデイサービスとは

　では、良いデイサービスとは具体的にどんなことを指すのでしょうか。デイサービスを選ぶ上で一番大切なのは、**要介護者が日常生活を継続するために必要な機能（食事や入浴、機能訓練など人によってさまざま）があること**です。そしてもうひとつ大切なのは、要介護者がデイサービスで楽しく過ごすことができるか、ご家族が安心して親を預けることがで

きるかどうかだと思います。そこで、**「要介護者が楽しく過ごすことができるか、ご家族が安心して預けることができるか」**という視点から、デイサービス選びの目安になるポイントをお伝えしたいと思います。

<デイサービス選びのポイント>
・デイサービスへの希望や要望を、職員に気軽に言うことができる
・職員がいつも明るく、気分や態度にムラがない
・急かされたり、待たされたりすることがほとんどない
・デイサービスでの活動や体操、会話が楽しい
・困った時に、必要な介助を受けられる
・人に聞かれたくないことを話す時には、配慮をしてくれる
・病気やケガの対応も丁寧にしてくれる
・本人や家族が、身体機能の維持・向上に役立っていると感じる
・不満や要望にはきちんと対応・説明してくれる　など

　もう少しつけ加えると、職員同士の仲が良く、良好なコミュニケーション（連携）が取れていることも良いデイサービスの重要な要素です。また、**一見介護サービスに関係ないようですが、職員が物を大切にしているかどうかも、深く関係している**と考えられます。なぜなら「私は物を大切にできないけど、人のことは大切にできます」という人を、あなたは信用できるでしょうか？　備品を荒っぽく扱う、床に置いてあるものを足で蹴とばすような職員がいるデイサービスは、おすすめできません。

「利用者主体のサービス」とは？

　介護事業所は民間の営利団体です。そのため、赤字が続けば倒産してしまいます。経営者は、こうした事業継続への不安から「利用者に合ったサービス」ではなく、母体の運営する介護サービスの利用へ過剰につ

なげるケースさえあるようです。しかし、そんな状況下でも利用者を抱え込もうとせず、ベストと思われるサービスへつなぐ事業者やケアマネジャーは、「利用者主体」と言ってよいでしょう。**デイサービスを複数紹介してくれて、事前の見学を設定してくれるなら、「利用者・家族主体」のサービスを提供している証拠**といえます。

東京都の在宅サービス種類別の利用人数（令和2年11月分）

福祉用具貸与	214,467人
居宅療養管理指導 ※	139,068人
訪問介護	109,557人
通所介護	91,799人
訪問看護	81,434人
特定施設入所者生活介護	49,954人
通所リハビリテーション	30,098人
訪問リハビリテーション	9,856人
訪問入浴	9,248人
短期入所	2,145人

※居宅療養管理指導とは、医師、歯科医師、薬剤師、管理栄養士または歯科衛生士などが、通院が困難な利用者の居宅を訪問して心身の状況、置かれている環境などを把握し、それらをふまえて療養上の管理及び指導を行うこと（在宅サービス種類別利用率＝各サービスの利用者数／在宅サービス利用者総数介護給付分にかぎる）

出典：東京都福祉保健局「介護保険事業状況報告」（令和2年11月分）

03 コロナ禍で 介護施設が行う 「感染予防対策」を知ろう

気になることは遠慮なく相談を

2020年の厚生労働省の調査によると、**新型コロナウイルス感染者の年代別の致死率は70代が5.6％、80代以上では11.9％**でした。また高齢者の方が重篤化しやすいという背景から、施設入所・通所に当たっては、要介護者ご本人以上にご家族から心配の声を耳にします。

感染症対策は、現在国や市区町村をあげて実施しているところであり、許認可を受けている施設は市区町村の行う研修を受けています。気になることがあれば遠慮なく施設に尋ねましょう。コロナ禍の中ではいつも以上に施設との連携を深め、信頼関係を築きましょう。

感染者が出た場合の「ゾーニング」とは

ゾーニングとは、病原体による「汚染区域」と「清潔区域」を区別することを言います。入所系の介護施設でも、新型コロナ感染者が出た場合にクラスターを防ぐためマニュアルを備えています。入院できないケースも増えているため、さまざまな事例をもとに研修を重ねています。

＜レッドゾーン（汚染区域）＞

感染者でも無症状や軽症の人が過ごすエリアです。中等症以上の方は、そのエリアでも入院まで完全に単独隔離できればなお良いです。また、感染者をエリアの外に出さないよう動線を確保し、感染者同士の接触もカーテンや衝立などで可能なかぎり控えることができればベストです。

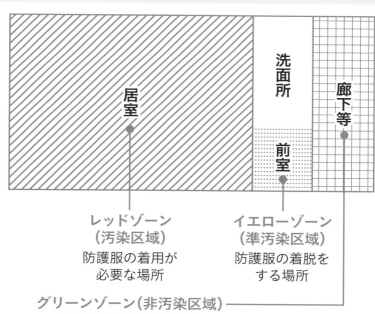

<イエローゾーン（準汚染区域）＞

感染エリアの直前の場所で、**ガウンなど防護具の着脱や汚染物質の処理等を行う場所**です。

<グリーンゾーン（非汚染区域）＞

非感染者が過ごす場所。いわば**通常のエリア**です。

介護施設内で感染者が出た場合のゾーニング

居室

洗面所

廊下等

前室

レッドゾーン
（汚染区域）
防護服の着用が
必要な場所

イエローゾーン
（準汚染区域）
防護服の着脱を
する場所

グリーンゾーン（非汚染区域）
防護服等の着用は不要

コロナで介護事業もICT（情報通信技術）化が進む

　新型コロナウイルス拡大の影響で、医療・介護の世界も早急なデジタル化が求められています。ICT（情報通信技術）を使えば、インターネットで非対面で情報を共有できたり、リモートを使ったオンライン面会が可能になります。また、スマートフォンと家電を連携させるシステ

6

介護施設経営者だからわかる！
「介護施設」の選び方

195

ムを使えば、高齢の親の自宅へ直接行けなくても安否の確認ができます。

　介護事業所も、利用者を送迎車に乗せる前に非接触温度計で体温を測り、手消毒してもらうことがもはや日常となりました。手消毒の方法も、容器の頭を手動で押すタイプから、ペダル式、そしてセンサーが導入された自動噴射機が登場しました。医療介護の専門職が国と力を合わせ、高齢者の安全を確保できるよう日々取り組んでいます。

施設が行う感染対策の一例

フロア	職員が全員適切にマスクを着用している
	利用者に対してもマスク着用や手洗い励行などの声がけをしている
	定期的に換気、冬場は加湿をしている
	日々の検温など、体調管理を万全にしている
	1ケアごとに手消毒をしている
	利用者同士が集まる場所で十分な距離をとれる ※上記以外に、感染予防策を貼り紙で示すのも有効
免疫力を高める	ステイホーム（施設）とはいえ、室内で適度な運動をさせているなど、免疫力を高めて重症化を防ぐ取り組みをしている
	面会が難しい時期はオンライン面会の対応をしている（ただし親が認知症の場合は混乱することもあるため、職員と検討が必要）
感染時の対応	感染者には個室対応。または同病者との集団隔離。その際はベッド間を2m以上空けカーテンで仕切る
	ケアは同一人物で、排泄物や嘔吐物の処理はそのたびに手袋を交換している。汚染物との接触時は目の防護具やガウンも着用している など

出典：厚生労働省「高齢者虐待防止の基本」

04 受け入れを拒否されても「地域の小規模施設」がある!

介護施設へ通う不安から問題行動へ

　デイサービスなど、通いのサービスを利用するきっかけは人それぞれ。身体機能低下が見られたため、心配した子どもにすすめられたというケース、退院後に担当のケアマネジャーにすすめられたというケースなど。高齢者ご自身としては、**「体力の低下はわかっているけれど、デイサービスに通うのは気が向かない。ホームヘルパーさんも来てくれるし、このままで良いのでは?」**と思う方もいます。

　一方でご家族は、親が要介護状態になったら**「日中はデイサービスに行ってほしい」**と思うでしょう。しかしご本人が納得いかないままサービスを始めたり、認知症があり、見慣れない場所・人に対する不安が強い場合などは、介護施設でトラブルを起こすことがあります。

通いの介護事業所から見た「困難事例」

　うまく介護サービスにつなげられない事例を、**困難事例、支援困難ケース**と言います。対人関係に問題が生じ、介護施設で利用者とトラブルを起こしてしまったり、帰宅願望が強くて暴力をふるったり、意欲低下のため介護サービスにつながらないケースなどがあります。

　1対1の訪問介護(ホームヘルパー)と違い、通いの介護サービスは集団行動となります。**自宅にヘルパーが訪問する時は落ち着いて対応できる方でも、集団の中ではうまくなじめない方もいる**のです。

サービス拒否の対象となる一例

事業所の定員オーバーにより利用申込に応じられない場合
利用者の居住地が、事業の実施地域外の場合
その他の利用者に対し、適切なサービス提供が困難な場合 （例） ・デイサービスで、利用者としょっちゅうトラブルを起こす ・自分の要望が通らなかったり、何か気に入らないと大声を出す ・帰宅願望が強い、暴力をふるう、セクハラ ・極度の意欲低下により通所を頑なに拒否する　など
入院治療が必要な場合　など

サービス提供拒否の禁止とは

　介護保険サービスにおいては、法令により、介護サービス事業者が正当な理由もなくサービス提供を拒んではならないとされています。しかし現実的には、**「サービス提供困難」**と判断して契約を解除することがあります。その場合、事業者は利用者へのサービス提供が滞らないよう、ケアマネジャーたちと連携し、すみやかに他の事業所を紹介するなどの対応が定められています。

　サービス提供拒否にあった時は、あまり深刻になりすぎず、**「親にとって、あの施設が合わなかっただけ」**だと考え、気持ちを切り替えましょう。次の施設選びに関しては、多くの情報を持っている地域包括支援センターや担当ケアマネジャーが力になってくれるはずです。

地域の小規模施設は、「最後の砦」

　定員30名ほどのにぎやかな一般型通所介護（デイサービス）では、帰宅願望や通所に対する拒否が見られた方も、定員10名ほどの小規模

デイサービスや定員12名以下の認知症対応型デイサービスなら、落ち着いてサービスを受けられることがあります。

　小規模デイサービスでは、毎日同じスタッフが出迎えてくれることが多く、人数が少ないために利用者同士も早く顔なじみになれるという特徴があります。アットホームで少人数のため、対人関係が苦手な方にとっては過ごしやすい環境といえます。利用者とスタッフの距離が近く、人員配置も手厚いため、利用者にしてみれば**「親しみやすい」「自分の居場所」**と感じられることもあるようです。また、認知症対応型デイサービスは、認知症の方に専門的なケアを提供してくれます。親がデイサービスになじめず困っている時は、こうした地域の小規模施設などを頼ってみるのも良いでしょう。

無理な在宅介護は避けて

　親の「デイサービスに行きたくない」という気持ちを尊重するあまり、ご家族に負担がかかるのにもかかわらず、無理に在宅介護に切り替える方がいます。しかし、それでは親の身体機能も低下する一方です。

　介護保険サービスには、介護と同時に「介護予防」の機能もあります。**身体機能の維持回復が見込めるうちは、通いのサービスなどを活用し、適度な運動、バランスの良い食事、他者との交流などを図る**ことが、結果的には親の元気な状態を維持することにつながります。

　困ったらプロの介護職と連携し、無茶な在宅介護は避けましょう。

05 損をしないための 「老人ホーム」の 正しい選び方

老人ホームをどうやって探せばいいのか

2000年に介護保険がスタートしてから20年以上がたち、それ以前までは「うば捨て山」などと言われるほどネガティブな存在だった老人ホームも、ここ最近では非常にメジャーなものになってきています。新聞はもちろん、ここ最近ではテレビコマーシャルなどでも、老人ホームの広告を見かけることも少なくありません。

介護を必要とする方々にとってさまざまな情報が手に入りやすくなっている一方、**その情報の中から、自分や家族にとって本当に必要な情報をどう取拾選択するかが課題**といえます。

膨大な情報が簡単に手に入るが、判断に悩む

介護保険の施行と時期を同じくして、世の中では当たり前のように個人個人がスマートフォンやパソコンを持つ時代となりました。インターネット環境の普及とともに、老人ホームを探したり調べたりするのも、検索サイトを使って調べることが珍しくなくなりました。

老人ホーム業界においても、一般住宅の検索サイトと同じように老人ホーム検索を目的としたさまざまなポータルサイトが作られ、誰でも簡単に情報を得ることが可能になりました。その反面、個人が手にできる老人ホームの情報が膨大になり、初めて施設を探す人にとっては、良し悪しの判断が難しくなっています。そこで登場したのが、老人ホームなどの高齢者施設を紹介してくれる**老人ホーム紹介事業者**です。

老人ホーム紹介事業者とは

　正確には、2000年に介護保険がスタートする前から、首都圏では数社の**老人ホーム紹介センター**といわれる紹介事業者が存在していました。しかし、民間の有料老人ホームが爆発的に増え出した2005年以降から、老人ホーム紹介事業者も徐々に増え始め、**2021年現在では全国で約400社程度**の老人ホーム紹介事業者が存在します（出典：2020年厚生労働省老健局　高齢者向け住まい等の在り方に関する調査研究委員会発表資料）。

　ここでおすすめするのが、この**老人ホーム紹介事業者を上手に利用してさまざまな情報を精査し、自身で集めた情報と照らし合わせながら、できるだけ希望に近い老人ホームを探す**方法です。老人ホーム紹介事業者の具体的な利用方法はこのあと詳しく説明します。

自分に合った老人ホームの選び方（優先順位）とは

　老人ホームを選ぶ際の優先順位は人それぞれ、ということを大前提として理解しておく必要があります。

　周囲の友達から「あそこの〇〇老人ホームはとても良いと聞いた」とか、「△△さんが□□ホームに入っているので私も入りたい」という考え方で決めるのは良くありません。他の人にとって良いと感じる老人ホームでも、皆さんにとって、はたしてベストなホームといえるでしょうか？

　人によって予算や希望する立地も違います。その方の身体の状況によって、求めるケアサービスの内容も変わってきます。場所ひとつとっても、ご家族が通いやすいか、子どもや孫が遊びに来てくれやすいところなのか？　遠いと感じる場所であれば、子どもや孫と疎遠になってしまうかもしれません。

　また月々の費用についても、ご自身の年金や預貯金でまかなえず、子

どもに毎月資金の援助を頼まないと入所を継続できない施設だと、ご本人も心苦しく、ご家族にとっても長年の負担が大きくなります。

　そのほか、医療的ケアの対応が可能かなど、老人ホームを選ぶ際は、その方に応じた条件で選ぶ必要があり、決して友人知人が良いと言った施設が自分にとっても合うとはかぎらないのです。

　　＜選ぶ基準となるおもな項目＞
　・月々の費用は予算内か
　・体の状態に合ったサービスを受けられるか
　・家族が通いやすい場所か
　・医療的ケアの対応は可能か など

優先順位をハッキリさせる

　良い施設を探すにあたり、まずは入所するご自身がご家族と一緒に希望条件の優先順位を明確にして、その優先順位の高い順に老人ホーム選びを行いましょう。

　ひとつ言えるのは、**100％希望を叶えられる高齢者施設を見つけることはほぼ不可能**ということです。重要なのは**ベストではなく、よりベターな老人ホームを選択する**ことです。これが**「その方に合った老人ホームを選ぶ」**という方法にほかなりません。

老人ホーム紹介センターの正しい使い方

　情報を正しく取捨選択し、よりベターな老人ホームと出会うためには、**「老人ホーム紹介センターを正しく使うことで満足いく施設との出会いが決まる」**といっても過言ではありません。

　20年前と比べ、現在の日本における老人ホームなど高齢者施設の数は約10倍以上に増え、自分に合った老人ホームを探し出すことが非常

に難しくなっているといえます。

　実際の施設における介護サービスの質や、施設を構成する施設長や介護職員の雰囲気は、インターネットからではなかなかわかりません。そういった情報を、老人ホーム紹介事業者から得ることができます。

老人ホーム紹介事業者は現在400社程度

　現在、**400社程度の紹介事業者**が存在しますが、皆がプロといえる紹介事業者の質を有するとはかぎりません。**あまりにも少ない施設情報しか持っておらず、介護のこともよく理解していない紹介事業者が世の中に存在するのも事実**です。

　紹介事業者を利用する際は、どれだけ多くの情報を持ち、その窓口担当者がどれだけの経験を有しているのか、さまざまな相談に寄り添った対応をしてくれるのか、紹介手数料の高い施設ばかり紹介していないかなどに注意し、より良い情報を提供してくれる紹介事業者を利用することが大切です。

コロナ禍、高齢の親を持つご家族の葛藤

昨年3月上旬、弊社のデイサービスに1本の電話がありました。「新型コロナウイルスの影響が収まるまで、デイサービスをお休みします」という、利用者様のご家族からでした。

感染したら重篤化しやすいと言われる高齢者や、持病を持つ方々の本格的な自粛の影響を感じた瞬間でした。ひとり、またひとりとお休みの連絡が入り始めると、経営者として「もしこの状況が半年続いたら、事業が持たない」と恐怖を感じました。

2020年2月3日、乗客の新型コロナウイルス感染が確認されたクルーズ船が横浜港に入港しました。そして同月、国内で初の感染者死亡のニュースが流れた時は、日本中に衝撃が走りました。

都心店舗での集団感染の報道もされるようになりましたが、一方で、2月はまだ多くの人が「自分の生活圏内で自粛していれば大丈夫だろう」と楽観していたように思います。東京都江戸川区にある私の介護施設も、新型コロナウイルスは当初、対岸の火事という感覚でした。しばらく外出を控えていればいずれ収まり、例年通り営業ができるようになると思っていたのです。しかし、4月には緊急事態宣言が発令されるまでに感染者が増加。夏になっても感染者がゼロにならず、経営は大打撃を受けました。

病院だけではなく、いよいよ介護施設での集団感染の報道がされるようになると、利用者様へご家族からのストップがかかりました。
「お父さん、お母さん、デイサービスはお休みして」
事業所として、ご家族の意向を尊重しながらも、「子どもが、行っちゃダメだっていうから」と、申し訳なさそうにデイサービスをお休みする利用者様の自粛生活に、一抹の不安を感じました。しかし、「できるかぎり接触する人数を減らしたい」と大切な親を思うご家族の気持ちも、よくわかります。ここは、皆で痛み分けをして、いまできること（感染予防）をしていくしかありません。

2020年3月、ふだん稼働率が85％を切ることがないデイサービスの出席率が50％まで落ち込みました。しかし、徹底した感染予防対策により利用者様も徐々に戻ってきました。そして、その経験をへた7月初めの第2波のときは、少し様子が違っていました。それは、稼働率が65％を維持していたということです。私たちの感染対策だけでなく、ご家族が自宅で親の身体機能が落ちていく姿を見て、「このままでは、親が寝たきりになるかもしれない」という危機感を感じてきたということの表れだと思いました。

・介護施設に通うと人との接触機会が増え、「感染リスク」が上がる
・介護施設の通いを中止すると感染リスクは下がるが、「身体機能が低下
　するリスク」が上がる

　リスクには、「感染リスク」と「身体機能の低下リスク」2つのリスクがあります。第一波が過ぎ、お休みをしていた利用者様がデイサービスに戻ってきた7月の初め、4か月ぶりにお会いした利用者様は、自宅に引きこもっての自粛生活の影響により、相当足腰が弱っていました。
　いままで身体機能を維持していた方たちが変わってしまった姿に、改めて危機感を覚えました。高齢者にとっては、自宅に引きこもることも大きなリスクになっているのです。
　私たち介護事業所は、ひとりでも多くの方が安心して介護サービスを利用してもらえるよう各専門職と連携し、「要介護者に必要な介護サービスを継続的に提供できる環境作り」を徹底していきます。

私の情報

ふりがな 氏　　名		男・女
住　　所		
電　　話	（　　　　　　　　）	
生年月日	年　　　　月　　　　日　（　　　　歳）	

身長	cm	体重	kg	血液型	型

介護保険被保険者番号										
健康保険記号番号										

要介護認定

要支援（　　）・要介護（　　）	有効期間　　年　　月　　日　～　　年　　月　　日
要支援（　　）・要介護（　　）	有効期間　　年　　月　　日　～　　年　　月　　日
主な病気やけが	
服用中の薬	
アレルギー体質	無　・　有　（具体的に）
食事制限	無　・　有　（具体的に）

介護者情報

ふりがな 氏　　名	（　　　　歳）	続柄
住　　所		
電　　話	（　　　　　　　　）	

緊急時の連絡先（上記の介護者以外）

ふりがな 氏　　名	（　　　　歳）	続柄
住　　所		
電　　話	（　　　　　　　　）	

緊急時の連絡先医療機関

医療機関	
担当医師	
所　在　地	
電　　話	（　　　　　　　　）

介護ケアスタッフの留意事項

居宅サービス（自宅で介護をするためのサービス）

日帰りサービス		**通所介護（デイサービス）**	
	要介護1～5	デイサービスで、食事や入浴、機能回復訓練を行う	
	要支援1～2		
		通所リハビリテーション（デイケア）	
	要介護1～5	介護老人保健施設などで、医師の指示のもと、国家資格を持ったリハビリ専門家が機能回復訓練を行う	
	要支援1～2		
訪問サービス		**訪問介護（ホームヘルプサービス）**	
	要介護1～5	自宅をヘルパーが訪れ、食事や入浴などの介護や日常生活を支援する	
	要支援1～2		
		訪問入浴介護	
	要介護1～5	入浴車が自宅を訪れ、浴槽を持ち込んで入浴の介助をする	
	要支援1～2	入浴車が自宅を訪れ、浴槽を持ち込んで利用者が入浴でできない部分を介助する	
		訪問看護	
	要介護1～5	看護師や保健師が自宅を訪れ、療養上の世話や助言を行う	
	要支援1～2	看護師や保健師が自宅を訪れ、介護予防を目的に療養上の世話や助言を行う	
		訪問リハビリテーション	
	要介護1～5	リハビリの専門家が自宅を訪れ、機能回復訓練（リハビリテーション）を行う	
	要支援1～2	リハビリの専門家が自宅を訪れ、利用者が自分でできる機能回復訓練や体操を指導する	
		居宅療養管理指導	
	要介護1～5	医師や歯科医師、薬剤師、栄養士などが自宅を訪れ、療養上の管理・指導をする	
	要支援1～2	医師や歯科医師、薬剤師、栄養士などが自宅を訪れ、介護予防を目的に療養上の管理・指導をする	
一時入所サービス		**短期入所生活介護（ショートステイ）**	
	要介護1～5	介護老人保健施設などに短期入所し、食事・入浴などの介護サービスや生活機能維持・向上訓練を行う	
	要支援1～2		
		短期入所療養介護（医療型ショートステイ）	
	要介護1～5	医療の助けが必要な人が、施設（介護老人保健施設など）に一時的に泊まるサービス。医学的な管理のもと、医療・介護・機能訓練を受けることが可能	
	要支援1～2		

地域密着型サービス（市区町村で利用できる介護サービス）

日帰りサービス	**認知症対応型通所介護**	
	要介護1～5 要支援1～2	認知症の高齢者がデイサービスで、食事・入浴などの介護や支援、機能訓練を受けられる
	地域密着型通所介護	
	要介護1～5	小規模なデイサービス（定員18名以下）で食事・入浴などの介護や機能訓練を受けられる
訪問サービス	**定期巡回・随時対応型訪問介護看護**	
	要介護1～5	昼でも夜でも、定期巡回や随時訪問を行う。介護と看護が連携し、ヘルパーが入浴や排せつの介護をしたり、看護職員が療養上の世話や診療の補助を行う
複合的サービス	**小規模多機能型居宅介護**	
	要介護1～5 要支援1～2	小規模な住宅型の施設で、通いが中心の訪問や、短期間の宿泊サービスを行う。食事・入浴などの介護や支援を受けられる
	看護小規模多機能居宅介護	
	要介護1～5	要介護者が住み慣れた地域で生活を続けられるように、小規模多機能型居宅介護と訪問看護など、複数のサービスを1つの事業所内が提供する
グループホーム	**認知症対応型共同生活介護**	
	要介護1～5 要支援1～2	認知症の利用者が自立した日常生活をできるかぎり送れるように、少人数で共同生活をしながら、食事・入浴などの介護や支援、機能回復訓練を受けられる
夜間のサービス	**夜間対応型訪問介護**	
	要介護1～5	夜間の定期巡回を行う。緊急時は随時、自宅訪問や相談業務などを行う
小規模施設サービス	**地域密着型介護老人福祉施設入所者生活介護**	
	原則 要介護3～5	医療の助けが必要な人が、施設（介護老人保健施設など）に一時的に泊まるサービス。医学的な管理のもと、医療・介護・機能訓練を受けることが可能
	地域密着型特定施設入居者生活介護	
	要介護1～5	小規模な介護専門の有料老人ホーム（定員30名未満）などで食事・入浴など、日常生活上の世話や介護や機能訓練を受けられる

お役立ち情報

介護に関する 悩み相談・ 情報検索	・市区町村の地域包括支援センター ・市区町村の介護保険課窓口 ・医療機関の相談室、地域連携室 ・居宅支援事業所 ・「介護事業所・生活関連情報検索サイト」厚生労働省〈https://www.kaigokensaku.mhlw.go.jp/〉 ・「WAM NET（福祉、保険、医療の総合サイト）」独立行政法人福祉医療機構〈https://www.wam.go.jp/〉
高齢者や その家族のための 生活・医療・ 介護・年金の相談	「e介護ネット」高齢者総合相談センター（シルバー110番）〈http://ekaigonet.webcrow.jp/kaigo110.html〉
認知症の 悩み・相談	・お住まいの地域包括支援センター ・かかりつけ医・「認知症110番」公益財団法人認知症予防〈電話：0120-654874〉 　月曜日と木曜日（休日を除く）10時〜15時 ・「認知症学会専門医リスト」日本認知症学会 　〈http://dementia.umin.jp/g1.html〉 ・認知症カフェ（認知症の人やその家族が地域の人や専門職と情報交換する場所） ・「認知症当事者の活動」一般社団法人日本認知症本人ワーキンググループJDWG 　〈http://www.jdwg.org/〉 ・公益社団法人認知症の人と家族の会） 　〈https://www.alzheimer.or.jp/〉 　「認知症の電話相談」〈電話：0120-294-456〉 　月曜日から金曜日（祝祭日を除く）10時〜15時
若年性認知症の 悩み	・「全国各地の若年性認知症に関する相談窓口」社会福祉法人仁至会認知症介護研究・研修大府センター〈https://y-ninchisyotel.net/contact/〉 ・「若年性認知症コールセンター」〈電話：0800-100-2707（フリーダイヤル）〉月曜日から土曜日（年末年始、祝祭日除く）10時〜15時

成年後見制度 について	法務省民事局〈電話：03-3580-4111〉または家庭裁判所
任意後見契約 について	日本公証人連合会〈電話：03-3502-8050〉
	法務省〈http://www.moj.go.jp/〉
仕事・育児・介護 の両立について	・「介護離職ゼロ ポータルサイト」厚生労働省〈https://www.mhlw.go.jp/stf/seisakunitsuite/bunya/0000112622.html〉 ・「中小企業のための育児・介護支援プラン導入支援事業」 厚生労働省委託事業（社会保険労務士等の資格を持つ「仕事と家庭の両立支援プランナー」が無料で訪問支援等を行う）〈http://ikuji-kaigo.com/lp/kaigo/〉 ・ハローワーク（介護休業給付について 介護休業給付の受給要件、申請方法など）〈https://www.mhlw.go.jp/kyujin/hwmap.html〉
東京都地区医師会 一覧(かかりつけ医)	東京都医師会 〈https://www.tokyo.med.or.jp/about/region〉

【参考文献】
『遠距離介護で自滅しない選択』（太田差惠子著・日本経済新聞出版社）
『親が倒れた！ 親の入院・介護ですぐやること・考えること・お金のこと 第2版』
（太田差惠子著・翔泳社）
『親が認知症！？ 離れて暮らす親の介護・見守り・お金のこと』（工藤広伸著・翔泳社）
『親の入院・介護に直面したら読む本』新訂第2版（長岡美代著・実務教育出版）
『家族が倒れた時、しておくべき手続きと届け出のすべて』（今村正著・PHP研究所）
『入院・介護・認知症 親が倒れたら、まず読む本』（渋澤和世著・プレジデント社）
『訪問介護事業者への公的関与についての一考察』（添田勝・明治大学院修士論文集）
『身近な人が亡くなった後の手続きのすべて』（児島明日美、福田真弓、酒井明日子共著・自由国民社）

【執筆協力】
・株式会社ソナエル 取締役経営企画部部長　田中宏信
・日本の介護株式会社 運営部長　高澤留美子
・株式会社五幸トータルサービス 代表取締役　松長根幸治
・全国相続診断士会会長・終活カウンセラー協会顧問　一橋香織
・保険・クラスター株式会社　鉄本美志乃
・合同会社I・re　浜田政子
・川崎市議会議員　添田勝
・上野慶子

加藤綾菜さん × 河北美紀

タレント／TWIN PLANET所属　　　　　筆者／株式会社アテンド代表

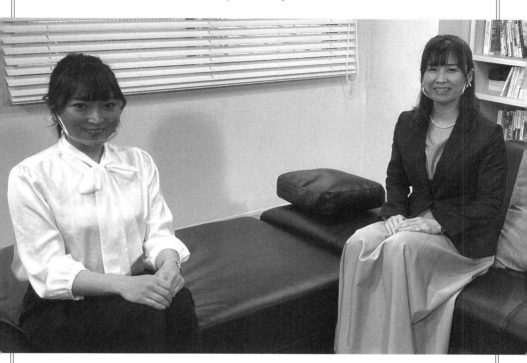

身近な人の介護を
最小限の苦労で乗り切るために
知っておくべきこと

スタジオ提供：株式会社カイゴメディア（介護に役立つYouTubeチャンネル「ケアきょう」運営元）

河北　今回は本書の発売記念対談ということで、弊社で介護ボランティア経験
　　　のある加藤綾菜さんと一緒に、介護に役立つ情報をお話していけたらと
　　　思います。よろしくお願いします。

加藤　よろしくお願いします。

河北　綾菜さん、さっそくですが以前ボランティアにいらしていただいたきっか
　　　けとご感想からお伺いできますか。

加藤　私の夫（加藤茶さん・以降カトちゃん）がいま78歳なので、今後のため
　　　に「介護職員初任者研修」を取り、もっと知識を深めたいと思って「介
　　　護福祉士実務者研修」を取りました。せっかくなので、この知識をご高
　　　齢の方々に役立てたいと思って河北先生のところにお世話になったのです
　　　が、とても難しかったです。教科書の知識は頭に入っていると思っていた
　　　んですが、実際現場に立つと利用者さんとのコミュニケーションでけっこ
　　　うつまずいたり、ご高齢の方たちが何を伝えたいのか、心を読むのに気を
　　　遣いました。あと、車椅子の使い方も。

河北　その日は利用者さんのお買い物の外出支援をしていただいたんですよね。

加藤　はい。洋服屋さんでTシャツを一緒に選んでからイトーヨーカドーに行っ
　　　て、一週間分の食材を「何作ります？」ってお話しながら買いました。

河北　いま、綾菜さんが「難しかった」って仰ってましたけど、私は気づきませ
　　　んでした。不安だったりしたこともあったかもしれませんが、お二人とも
　　　ずっと笑顔だったんです。会話も弾んでましたし。

加藤　その女性と気が合ったんです。尊敬の念を持ちつつ、女子会みたいな感
　　　じで話が弾んで（笑）。でもちょっと失敗したなと思うのが、車椅子を押

してデパートやスーパーに行くじゃないですか。練習のときは完璧だったんですけど、実際は買い物に集中してしまって、女性の足を何回かコーナーにぶつけてしまって。「大丈夫」って言っていただいたんですが。いろんなところに気を配りながらやらないとダメだなって、家に帰って反省しましたね。

河北　外出支援って大変なんです。施設内であればベテランの人が変わってくれたりするんですが、外出だと一対一になってしまうので。でも車椅子も率先して引いてくださって、会話も本当に盛り上がってました。会話が続かなかったらフォローするつもりだったんですけど、全然必要ありませんでした。きっと、綾菜さんの明るさとか、飾らない感じがきっと利用者さんに通じたんだと思います。

加藤　嬉しいです。最後に公園で利用者さんとお話しして「また会いたい」って言ってもらったとき、いままでにない喜びと達成感を感じました。

河北　素敵な経験でしたね。

加藤　本当にありがとうございました。ところで、いろんな介護保険サービスがある中で、先生はこの本で特にお金まわりのお話をされていると思うんですが。

河北　はい。介護相談でよく聞くのがお金の悩みなので、その解決法を重点的に書きました。あと、現役でお仕事をされている方が介護することが多いので、介護離職をしないですむような介護サービスの活用法も書いています。

加藤　一番気になるところですもんね。気になってもどこに聞けばいいのかわからないというのが、みんな思うことじゃないですか。だからこう調べればいいんだとかいうのがわかって、すごく助かりました。

河北　ありがとうございます。綾菜さん、介護にまつわることでなにか気になることとか、ありましたか？

加藤　いえ、いまはありません。でも、身近な人が介護になったとき最初に地域包括支援センターに連絡するっていうのは、たぶん皆さん知らないと思います。

河北　そうですよね。実際に介護に直面しないと調べないですよね。

加藤　でも、介護って急にやってくるじゃないですか。だからやっぱりちょっとでも頭に入れておかないと、絶対パニックになるなって思いますね。

河北　そうですね。介護って、本当に急に始まるので。

加藤　介護度がどうやって決まるかというのも勉強して初めて知りましたし。そういう基本的なところも、やっぱり勉強しないとわからないじゃないですか。今回の本には、そもそもどこに問い合わせたらいいかというお話とか、まずお金にまつわることが書かれていると思うんですけど、これだけは知っておくと得する、そういうものってありますか？

河北　知っていただきたいのは、やっぱりお金の部分ですね。一番はまず国の手当で「特別障害者手当」っていうのがあるんですね。そのもらいもれがすごく多くて。「障害者」っていう言葉がついているために、「うちは障害者じゃないから関係ない」と思って、皆さんアクセスしないんですよね。

加藤　みんな勘違いしちゃいますよね。

河北　そうなんです。でも、その手当は要介護の４や５で、在宅の方だと比較的受給しやすいものなんです。それが月々２万７千円ちょっと。年間で33万円くらいになるのに、統計で介護度4、5の方の人数と、実際に受給している方の人数が全然違う。10分の1くらいしか取ってないってことになっているんです。

加藤　えー！　それ、めちゃくちゃもったいないですね。

河北　はい。だから知らないと絶対損です。あとは「市区町村の手当」というものがあります。本の中では総称で「介護手当」と書いていますが、市区

町村によって「家族激励金」や「介護手当」、「支援金」だったりします。なので「介護手当」で検索しても必ずしもヒットするわけではないんですね。

加藤　「介護手当」で調べてヒットしなかったら、どう調べればいいの？　という感じですね。介護してもらう側も大変だと思いますけど、介護する側の負担も大変だなって思うんですよね。だからそういう支援って大事だなと思います。

河北　そうなんです。支給していない市区町村もありますが、介護を受けている方がお住まいの市区町村のホームページで

確認してわからなければ、直接問い合わせするのが早いですね。

加藤　確かに。さっきの「年間で30万円ぐらい変わってくる」というお話なんですけど、介護に関わる自費で出さないといけないお金って、たとえば年間このくらいで、平均年数でいうと総額これくらいかかるって、あるんでしょうか。

河北　介護度によって変わってきますね。医療処置が多く必要な方だとやっぱり高額になりますし、日常生活が少しのサポートで大丈夫であれば、毎月数万円ですむ方もいます。老人ホームに入る方は数万じゃすまないですし。もう、そこはバラバラです。一時入所金数千万円みたいなところもあったりします。

加藤　すごいですよね。もう高級ホテルみたいな。でもたしかに老人ホームに入る＝お金持ちしか入れないっていうイメージがあって。でも、施設によってはリーズナブルなところもあるんですよね。

河北　そうですね。

加藤　それも、ちゃんと先生の本で金額が出ていますね。このへんは数十万円、このへんは数千万円とか書いてあって「えっ」って。こんなに金額が違うっていうのも知らないと「家で看る方がいい」って思い込んじゃう人も多いんじゃないかなと思いました。あと「プロに任せるより自分で看るのが子の務め」みたいな考え方が、日本人には多い気がして。プロに頼った方がいいと思うんですけど、70歳の奥さんが70歳の旦那さんを看てるとかありますよね。共倒れしちゃうな、って。

河北　日本人が、真面目で我慢強いというのもあるんでしょうね。私は父を介護していたときに、積極的のプロの力を借りていました。というのも、実は介護を受ける人にとっても、いろんな人が介護に入ってくれた方が刺激になって認知症予防にもなるんです。子どもやパートナーとばかりいると、会話しなくても「いまお茶飲みたいんだな」とかわかっちゃうので、しゃべらなくてすんじゃう。で、要介護者も短い言葉で終わらせてしまう。でも、ヘルパーさんにはちゃんと言わないと伝わらないし、敬語も使わないといけない。本人が神経を使うことがやっぱり大事なんです。しゃべらないと、嚥下（飲み込むこと）の機能も落ちますし。私が「お父さん、もう朝だから起きようよ」って言っても無視されるのが、ヘルパーさんが「朝ですよ。そろそろ起きましょう」って言うと「はい」と起きる（笑）。だ

から、他人が入ることで社会性が失われずにすむんですよね。

加藤　二人っきりだと、狭い世界になりますもんね。先生の本にも「できるだけ始めからたくさんの人に関わってもらいましょう」って書いてありました。

河北　そうですね。家族の介護の疲れを取るためにも大事なんですけど、結果的に本人のためにもなるので、その方が良いと思います。

加藤　この前「自立支援」という概念を習ったんです。以前は何でもしてあげるのが良いと思っていて。「あれ取って」って言われたらすぐ取ってあげて、本人を動かさずに私が全部やってあげて「私すごい大事にしてる」って思っていましたけど、実はそれが相手をダメにしてしまうことを知って。健康寿命を伸ばすためには、本人にできるだけ動いてもらうことが大事、ということを心がけています。だから何でも取ってあげるのは「卒業」しました。

河北　卒業、ご本人びっくりしてませんでした？

加藤　はい。「これ、自立支援っていうんだよ」って言ったら、「よくわかんねぇ」って（笑）。でもちょっとずつ動いてもらったり、犬の散歩も全部私がしていたのを、一緒に行くように心がけました。休みたいって言ったら「いいよ」とって言っていたのも、「もう少し歩こうよ」って言って。

河北　素晴らしい。

加藤　そうしたら、足の筋肉もついてきて。筋肉って78歳でもつくんですね。足の筋肉がついてきたら、ジムにもちゃんと行くようになりました。趣味でドラムもしているので、より健康になっている感じがします。

河北　すごいですね。

加藤　よく聞くのが、「運動は最初が大変」だって。なんで自分がやらなきゃいけないんだ、みたいなのってありません？

河北　そうですね。デイサービスの場合は自分が行きたいって言ったわけじゃないのに、ご家族が行った方がいいよっていうことでいやいや来てる方はいます。特に、男性は家にいたい方が多いみたいです。

加藤　男性の方が多そうですね。

河北　慣れないところは嫌だし、自分の縄張りではないところに行くのは嫌なんですよね。なので、最初はコミュニケーションから入ります。「以前はこんなお仕事されてたんですよね」とか、少しずつ会話をして、「じゃあこれやってみましょうか」、「次はこの体操とマシーンやってみません？」みた

いな。綾菜さんの場合は、そういういやいやみたいなのってありました？

加藤 犬の散歩とかも初めは「えー、めんどくさい」って言ってたんです。犬の名前、茶子っていうんですけど、茶子と「お父さん、今日は行けないって」って話すんですよ。悲しいねって。私と2人で行こうかって言うと「じゃあちょっとだけ付き合うよ」って（笑）。で、始めは2、3分でしたけど「もうちょっと茶子も歩きたいって言ってるし、もう5分くらい歩こうよ」って感じで1年くらいかけてちょっとずつ距離が伸びて、いまは40分から1時間くらい歩いてくれるようになりました。

河北 綾菜さん、すごいですね。

加藤 忍耐力だけはあるんです（笑）。

河北 本人に直接じゃなく、茶子との会話を聞かせるっていうのが良いですね。

加藤 直接言ったら断られるのがわかっているので。茶子に対する愛がすごいので、私より茶子の表情で行ったっていう感じです。

河北 環境をうまく使いながら動いてもらうのって、大事ですよね。綾菜さんは介護の資格を持っていらっしゃいますが、なぜ取ろうと思われたんですか？

加藤 「介護職員初任者研修」ですね。これは、カトちゃんが77歳になったタイミングで受けました。以前カトちゃんが大病したとき、私、パニックになって何もできなくて。そこでいろんなプロの方に教えていただいて、本当に助かって。いずれ、カトちゃんに何かあったとき、ドンとかまえていられるように知識をつけたいなって思ったんです。で、やってみたら意外と自分に合ってると思って。高齢者の方に何かしてあげることに、喜びを感じたり満足感があって「私向いてるかも。じゃあもっと深めよう」と思って「介護福祉士実務者研修」を勉強して。で、介護事業所の利用者さんたちと20人くらい友達になったんですよ（笑）。あと私銭湯によく行くんですけど、常連の高齢者さんたちとお茶しながら嚥下とか食べ物の相談を受けることが多くなって、正式に介護を勉強しようと思って「介護食アドバイザー」の資格も取りました。初めは食べやすいように細かく野菜を切ったりしてスープにしたり。でもカトちゃんが吸ったときにむせることが多かったんですよ。丁寧にやってあげてるつもりでも、教科書で「それはダメ」って書いてあって。できるだけ大きく切ることで塩分も抑えられるし、噛むことが大事だって。私の思い込みが全部間違っていたという

のは勉強になりました。

河北　綾菜さんの中で当たり前と思っていた知識が、しっかり介護を勉強すると全然違っていたと。

加藤　全然違うな、っていう学びがありました。

河北　では、いまの生活を通して、研修を受けた成果が現れてきているんですね。

加藤　はい。自立支援についても勉強して。全部やってあげることが愛情じゃなくて、本人に何かしてもらうとか、そういうのもやっぱり勉強しないと一切わからなかったことなので、そういうところは生きてきています。

河北　なるほど。あとはいま、コロナ禍もあってなかなか自立支援でも大変ですよね。外に出ての活動もしづらいですし。

加藤　「生活不活発病」だって思いました。いま特に皆さんそうじゃないですか。コロナで、お茶していた高齢者の方々と全然会えなくなってしまったんです。この1年。で、久しぶりに電話してみたら、もうそれこそ危ないなって。

河北　「ロコモ」って言ったりしますね。

加藤　「危ないから一歩も家から出ていない、誰ともしゃべってない、動いてもない」って言っていて。最近すごく問題だなって思います。

河北　それで介護度が上がってしまったりって、よく聞きますね。デイサービスの現場でも感じます。コロナ禍でも来られる方と、来たいんだけど休まれてる方と、ご家族に止められて行かれない方の3つのケースがあって。休まれていた方が2、3か月後に来られるときはもう、足がフラフラなんです。いままでは杖があればひとりで歩けていた方が、もうご家族に両手を引かれないと歩けないでいるのを見ると、全体的に皆さんの身体的な機能がやっぱり落ちていると思います。

加藤　これ、長引くと大変ですよね。どんどん生活機能が落ちていって。

河北　そうですね。なので介護施設もいま、感染予防を必ず行っています。予防はどこの施設もだいぶ徹底されてきています。でも実際に「こわくて来れない」って言われてしまうと、それはもう仕方ないですよね。どっちを選ぶかしかないんですよね。ちょっと身体機能が落ちるけどコロナを避けるために家にいる。それだと身体機能が落ちるリスクがある。でも施設に通うとコロナにかかるリスクは上がる。でも寝たきりになるリスクは減る。

加藤　難しいですね。

河北　これは、ご本人とご家族に委ねるしかないですね。ご家族って観点だと

　　　　綾菜さんのお家では、ご自宅では、コロナになって先ほど散歩のお話とか
　　　　されていましたけど、変わったことってありますか？

加藤　本当に出かけなくなりました。それこそカトちゃんに何かあったらいけな
　　　　いっていうので。カトちゃんは舞台を年間百何ステージやっていたんです
　　　　が。それも延期になって。本当に仕事のとき以外はまったく出ずに家にい
　　　　る感じだったので、一回体力が落ちた時期もありました。やっぱり足の筋
　　　　肉は落ちるの早いんですよ。それで「あ、まずい」って。数か月でこんな
　　　　に足が細くなるのかと思って。だから、人がいない夜に散歩に行こうよっ
　　　　て言って、少しずつ外に出す様にして。あと、ずっとカーテンを閉めてい
　　　　て日光を浴びなくなっていたので、ベランダに出て日光浴しようよって
　　　　言って。そうしたら、顔色も良くなるんですよ。

河北　日光浴、大事ですよね。

加藤　本当に大事ですね。そういうのもあって散歩するようになって、また筋力
　　　　が戻ってきたんですけど。最近カトちゃんと同い年の近所の女性が立ち上
　　　　がったときに転んで、右足が動かせなくなって。連絡をもらって駆けつけ
　　　　たんですけど、大変な問題だなって思います。

河北　それは大変でしたね。ちょっと出歩かなくなるだけで、筋肉にだいぶ影響
　　　　ありますよね。少し動いたからって若い方みたいにすぐに筋力がつくわけ
　　　　ではないですから。毎日のルーティーンとして、継続してやってもらうし
　　　　かないですよね。綾菜さんのところ
　　　　のように人がいない時間帯に散歩に
　　　　出るとか、何かしないと。

加藤　習字を一緒にやったり、ドラムも家
　　　　で練習したりするので、せめて手を
　　　　動かしてもらうようにはしています
　　　　が、何か趣味などを作った方が良い
　　　　ですよね。

河北　外出しづらい時間が長くなると、そ
　　　　うですよね。いまカトちゃんと一緒
　　　　に生活されている中で、何か大変に
　　　　感じてらっしゃることはあったりし
　　　　ますか？

加藤　全然なさすぎて（笑）。逆に、78歳とは思えないぐらいのフレッシュさ。

河北　素晴らしいですね。

加藤　健康寿命を延ばし過ぎだろうっていうくらい、健康です。本人もこのまま100歳まで行けるっていう自信があるくらい、いまが一番健康ですね。

河北　すごい。ご本人の健康の秘訣って、ありますか？

加藤　本人は「一番は笑うこと」って。テレビ見ても、めっちゃ笑ってますもん。

河北　何の番組で笑ってるんですか。

加藤　ドリフです（笑）。でも、若い芸人さんのコントを見ても、「ワハハ」って声を出して笑ってるんですよ。だから、笑うことってすごく大事だなって思います。

河北　やっぱり「笑い」って大事です。一番免疫を上げるって言いますし。デイサービスでも、暗い話題は極力出さないようにしています。「あそこの桜が咲きましたね」とか、明るい話題を心がけています。体調も心に引きずられてしまうので。せめてデイサービスでは笑って、運動して、楽しんでいただきたい。家では、神妙なニュースなどを見ることもあると思うので。

加藤　人と会って話して笑ったりとか、電話でもいいので、コミュニケーションとって笑ったりとか大事だなって。

河北　いずれご家族として、将来的にどこかのタイミングで本格的な介護というものがやってくるかもしれませんね。将来の介護を見すえたうえで、気になってらっしゃることとかありますか？

加藤　それこそ介護の制度ですね。実際に介護になっても、体力的にはたぶん頑張れる。でも私の性格だと、自分で全部やらないと気がすまないんです。そういう人って一番危ないなって、先生の本を読んで思いました。それこそ100歳くらいになったら誰にも触らせたくない、頼りたくないってなるかもしれない。でもそういうときも介護保険のサービスを知って正しく頼ろうって、今日先生のお話を聞いて思いました。

河北　そうですね。介護保険はご本人とご家族のサポートと両方があります。私も、父のことはできることなら自宅でって思ってたんですけど、父がある日ポソッと「寂しい」って言ったんです。娘が毎日来てるのに何が寂しいんだろうと思うけれど、やっぱり社会に関わってないという不安や孤独を感じるみたいです。なので施設であってもヘルパーさんであっても、他人とちゃんと関わって、気を遣いながら「自分でしゃべらないと伝わらな

い」というのがあった方がいいんです。

加藤　たしかに。

河北　あとはやっぱり、ずっと一緒にいると煮詰まるのもあって。私が父の介護をしていたとき、服を着せたときにちょっと痛かったみたいなんですね。そうしたら着せかけた服を、床に投げられて。私は「お父さん痛かったんだよね。ごめんね」と穏やかに言ったら、父も悪かったなと思ったのか、その後はなんでもなかったんですけど。毎日いるから煮詰まりやすいというか。

加藤　介護の理念って「尊厳の保持」ですよね。尊厳って「その人らしさ」じゃないですか。でも、一番わかってるいるはずの家族がその人らしさを尊重できない。「なんでこんなことできないの」とか言ってしまったり。で、向こうもきつく当たっちゃったりとかがあるからこそ、やっぱりいろんなプロの人がいてくださった方が、家族も余裕を持って接することができると思いました。

河北　そうですね。ご本人もたまには家族以外に介護される方がいいかなと思います。それに、いつも悪いなって気持ちもあるようです。介護されている側は。

加藤　迷惑かけて悪いなというのはよく聞きますよね。介護保険にもしっかり頼って、うまくプロに頼る方法として聞くのは、介護の認定調査でこういう対応するとしっかり介護度認定してもらえて、適切なサービスが受けられると。先生は以前介護保険の認定審査員をされていたということなので、どうやったら損をしないように認定してもらえるかを教えてほしいです。

河北　はい。まず介護保険のサービスを使いたいと思ったときに、たとえば急病で病院に救急搬送されて、病院でも自宅に戻ってからでもいいんですが、訪問調査員の方のヒアリングに、具体的に答えられるようにするのがポイントです。たとえば「トイレにひとりで行けますか」と聞かれて「行けます」で終わってしまうと「自立（支援対象外）」と判断されて終わりですけど、実は本人が行った後に流してなかったり、いつも床が汚れてるのを家族が掃除してるっていうのも介護の手間ということで加味してくれるんです。でも、知らないと伝えないままだったりする。その積み重ねで適切な介護度よりも低く出してしまって「こんなに介護の手間かかってるのになんでこんなに低く出たんだろう」ということもあります。

加藤　ひとりでできるにもレベルがあるので、具体的にどこまでできてるのかというのを伝えるのが大事、ということですね。

河北　はい。そこは声を大にして伝えたいです。あとは医師から「主治医意見書」という診断書をもらって審査のときに使うんですが、医師は患者さんを診るプロでも、自宅でどのくらい介護の手間がかかっているかは、意外と想像できなかったりするんですよね。ですから、困ってることを医師に具体的に伝えたり、介護離職をしないために、たとえば「要介護3あるとこういうサービスがあって、毎日デイサービスに行けて私も仕事が続けられるんですけど」ってズバリ伝えてみてもいいと思います。そうすると医師も、いろんな方向からヒアリングしてくれたり、その方にかかってる固有の手間などを「リハビリが必要」とか「日中は家族がいないので介護サービスが必要」とか書いてくれるんです。ですから、そこも具体的に相談した方がいいと思います。キーワードはとにかく「具体的に」というところですね。そういえば、綾菜さんのご結婚後に旦那さんがパーキンソン症候群になったと伺ったんですが、そのときはどんな状況だったんですか？

加藤　ある日、カトちゃんがテレビ番組のロケから帰って来たら熱があって。風邪かなと思って、薬を飲んで寝てもらったんですけど、あとで様子を見に行ったら手足がすごく震えていて。おかしいと思って病院に行ったら、「パーキンソン症候群です」と。数年前に大動脈解離という病気をしてからいろんな心臓の薬を飲んでいるんですが、薬が合っていなかったのが原因らしくて。その薬を抜くために点滴で洗浄するのに１か月ぐらいかかって。筋肉がやっぱり落ちてしまうんですよ。痙攣して歩いたりとかできなくなるので。「絶対舞台に復帰したい」っていう本人の強い意志があったので、しんどくても頑張って健康のために家でできるリハビリを続けました。復帰までに１年くらいかかりましたが。

河北　それは大変でしたね。

加藤　私が当時25、6歳くらいで、パワーがありすぎて「私が絶対治すから大丈夫」みたいな（笑）。そんなに気持ちが落ちることもなく乗り越えられました。

河北　不安とか、あったんじゃないですか？

加藤　不安に思ったら一気に気持ちが落ちてしまいそうだったので、考えないよ

222

うにして。パーキンソン症候群は半年くらいしたら良くなるケースが多いので、一緒に頑張れたんですよ。でも介護って、それこそいつまで続くかわからないじゃないですか。長い人は十何年とか。

河北　「終わりが見えない」って言いますよね。

加藤　それをやるって考えたら、家族のメンタルのケアとかどうするんだろうって、すごく思います。先生、そういう場合のケアってどうしたらいいんでしょう?

河北　ご家族の方のメンタルケアも、それこそ地域包括支援センターなどに相談していいんですよ。そうすると「介護者の家族の会」とか、みんなで遠慮なくお話してストレス解消できる場を教えてくれます。あとは「このままだと本当に虐待してしまいそう」という相談なども地域包括支援センターでいいんです。介護保険には、本人だけでなく介護をする家族を救済する目的もあるので。「こんなこと言ったら恥ずかしい」と思う必要はありません。守秘義務もあるので、ぜひ伝えてください。そうすれば、きちんとサポートしてくれますから。

加藤　地域包括支援センターって、小中学校と同じくらいの数あるんですよね。

河北　いっぱいありますね。

加藤　いままで全然意識したことなかったんですよ。でも自転車で近所を回っていたら、意外に思えるくらいあって。見落としていました。

河北　そうなんですよね。アンテナを張ってないとスルーしがちですよね。

加藤　最近になって「家から2分くらいの距離にあったんだ」って気づいて。何かあったら地域包括支援センターに行けばいいってことですよね。そこまでたどり着けたらいろいろ教えてもらえる。それだけ覚えておきます(笑)。

河北　はい。そうしたらなんとかなります。

加藤　本にも書いてありますもんね。

河北　はい。さっき言った介護手当の申請などは市区町村の窓口に行かないといけないのですが、そこも本書で確認していただければと思います。

加藤　一家に一冊、ですね。本日はありがとうございました。

河北　ありがとうございました。ぜひこれからも実践していってください。

河北美紀（かわきた・みき）
株式会社アテンド代表取締役

旧東京三菱銀行およびみずほ銀行で10年ほど窓口やローンアドバイザーに携わったのち、2013年に株式会社アテンドを設立、同年6月に高齢者リハビリデイサービス「あしすとデイサービス」を開所。銀行員時代の接客・営業スキルを生かした介護施設経営と、自身も35歳で父親の介護を経験した当事者として、「介護する人・される人双方が安心して暮らせる介護ノウハウの提供と環境作り」の提供に邁進している。著作に『介護認定審査会委員が教える「困らない介護の教科書」』（同友館）がある。

身近な人の介護で
「損したくない！」と思ったら読む本
介護のプロが教える介護保険120％活用マニュアル

2021年6月1日　初版第1刷発行
2022年11月10日　初版第3刷発行

著者	河北美紀
発行者	小山隆之
発行所	株式会社実務教育出版
	163-8671 東京都新宿区新宿1-1-12
	電話 03-3355-1812（編集）　03-3355-1951（販売）
	振替 00160-0-78270
編集	小谷俊介
企画協力	松尾昭仁（ネクストサービス株式会社）
編集協力	大西夏奈子
対談協力	株式会社カイゴメディア
ブックデザイン	華本達哉（aozora）
カバー写真提供	株式会社TWIN PLANET
校正	株式会社ぷれす
印刷・製本	図書印刷